DEFICIÊNCIAS e DIVERSIDADES

Educação Inclusiva e o Chão da Escola

EDITORA AFILIADA

Dados Internacionais de Catalogação na Publicação (CIP)
(Câmara Brasileira do Livro, SP, Brasil)

Freitas, Marcos Cezar de
    Deficiências e diversidades : educação inclusiva e o chão da escola / Marcos
Cezar de Freitas. – São Paulo : Cortez Editora, 2022.

    Bibliografia
    ISBN 978-65-5555-243-0

    1. Educação especial 2. Educação inclusiva 3. Acessibilidade 4. Diferenças
5. Diversidade 6. Escola pública I. Título.

22-106766   CDD-370.115

Índices para catálogo sistemático:

1. Educação inclusiva 370.115

Maria Alice Ferreira - Bibliotecária - CRB-8/7964

MARCOS CEZAR DE FREITAS

DEFICIÊNCIAS e DIVERSIDADES

Educação Inclusiva e o Chão da Escola

1ª edição
2ª reimpressão

DEFICIÊNCIAS E DIVERSIDADES: educação inclusiva e o chão da escola
Marcos Cezar de Freitas

Capa: de Sign Arte Visual
Preparação de originais: Agnaldo Alves
Revisão: Jaci Dantas
Editora-assistente: Priscila F. Augusto
Composição: Linea Editora
Coordenação editorial: Danilo A. Q. Morales
Direção editorial: Miriam Cortez

Nenhuma parte desta obra pode ser reproduzida ou duplicada
sem autorização expressa do autor e do editor.

© 2022 by Marcos Cezar de Freitas

Direitos para esta edição
CORTEZ EDITORA
R. Monte Alegre, 1074 — Perdizes
05014-001 — São Paulo-SP
Tel.: +55 11 3864 0111
cortez@cortezeditora.com.br
www.cortezeditora.com.br

Impresso no Brasil – dezembro de 2024

Sumário

Prefácio 7

Introdução 11

Do mergulho na lâmina do microscópio ao léxico
  da inclusão 17

O chão da escola 37

Teias de convivência 42

Porosidades e fluxos 46

A inclusão e seus antípodas 50

Deficiências, diferenças, diversidades 57

Brevíssima referência à neurodiversidade 64

Autonomia contra inclusão 73

A aproximação entre os temas deficiências e diversidades:
  preliminares 79

Perspectivas que têm elaborado criticamente a questão 82

No âmbito da pesquisa educacional em São Paulo 87

Na cidade que é um mundo 90

Registros de pesquisa 94

A escola como direito estratégico na percepção de famílias
bolivianas 98

A variação haitiana 102

Considerações que não são finais 109

Referências 112

Sobre o autor 127

Prefácio

Mônica Rahme
Faculdade de Educação
Universidade Federal de Minas Gerais

No livro *Deficiências e diversidades: educação inclusiva e o chão da escola*, Marcos Cezar de Freitas compartilha conosco, de modo original e bem fundamentado, contribuições relevantes sobre a proposição de uma educação inclusiva e seus efeitos na construção de perspectivas sobre a diferença na sociedade atual. Texto escrito com o cuidado de quem mapeia o território, planeja passo a passo sua imersão, percorre, escuta com atenção as palavras que compõem as interações sociais e as deixa decantar. As marcas da etnografia se fazem presentes nos quinze capítulos da sua produção, na inquietação que acompanha a aproximação do autor em relação aos sujeitos e às instituições, nas interrogações produzidas diante da constatação de certas direções adotadas na produção científica e nos espaços institucionais. Nos registros e análises sistematizados, Marcos problematiza as nomeações da diferença nos nossos dias, as formas como se vincula educação especial e educação inclusiva no contexto brasileiro, as questões que emergem do chão da escola e que expressam tanto a possibilidade do novo, quanto a evidência de sua repetição.

A escrita deste prefácio se inspira na densidade dos quatro elementos citados no título do livro e no reconhecimento do quanto esta publicação contribui para se discutir a diferença na escola atual, em suas múltiplas manifestações.

Se o título do livro referencia-se primeiramente na palavra *deficiências*, no plural, podemos indicar que essa pluralidade parece extrair das *diversidades*, significante que se coloca ao lado, algo que o autor nomeia como o todos "na escola (em) comum". Como se a diversidade nos lembrasse que as crianças e jovens com deficiência são sujeitos que guardam outras características, geralmente ofuscadas ou pouco identificadas em função do estigma secularmente amalgamado aos seus corpos. Lado a lado, as duas palavras também nos recordam das outras diferenças que compõem o chão da escola e que podem ser invisibilizadas, como a questão da nacionalidade/ origem, raça, sexualidade, gênero, dentre outras. Aí estaria o sentido mais genuíno da Educação Inclusiva.

É preciso considerar, ainda, que a diversidade se traduz por uma polissemia de concepções, o que requer um movimento de elaboração em torno do que se nomeia como diferença e diversidade. Essas palavras podem incorporar sentidos e significados meramente retóricos, organicistas e evolucionistas, como reflete o autor, simplificando ou objetivando em demasia aspectos que não demandariam certezas. Marcos contrapõe essa perspectiva de leitura do humano, trazendo para o centro da sua narrativa a imprevisibilidade, os efeitos do contexto e do ambiente, as marcas da diversidade cultural e de outras dimensões que escapam à condição unicamente biológica. Nesse âmbito, é fundamental destacar a riqueza e profundidade da discussão sobre a "cerebrização" dos humanos, assim como de uma associação comumente estabelecida entre a dimensão neurológica e a diversidade, como se a origem da diferença daí emergisse e desse ponto devesse ser respondida.

Mantendo como eixo central a busca por uma argumentação em torno da Educação Inclusiva que não a reduza ao campo da Educação Especial e que não minimize a sua amplitude, o autor subverte a lógica segundo a qual se deveria nomear os alunos com deficiência diretamente vinculados à educação especializada, argumentando o quanto se deve reconhecer sua interseccionalidade, já que se trata de sujeitos atravessados por outras dimensões como gênero, sexualidade, etnia, raça e condição socioeconômica. Nesse sentido, alerta-nos o autor: o que a "Educação Inclusiva tem a acrescentar à Educação Especial" é aquilo "que deborda das intersecções que confirmam que nem a deficiência, nem o adoecimento crônico, podem ser reduzidos exclusivamente à dimensão orgânica de cada pessoa". O sentido mais amplo da inclusão encontra-se, assim, no reconhecimento da pluralidade de corpos, das diferentes formas de ser, aprender, viver, e isso desafia a coletividade. Se esse pressuposto comparece ao longo da escrita do livro, ele se materializa mais frontalmente nos capítulos que abordam a vivência escolar de crianças migrantes estrangeiras pobres, de origem boliviana e haitiana, que incorporam diferenças culturais e colocam em cena a hipótese da deficiência.

O chão da escola é, como ressalta o autor, a "categoria que diz respeito à contribuição da Antropologia para a Educação". A quarta expressão que compõe o título do livro remete-nos, desse modo, às diversas dimensões que perfazem a escolarização, como "uma espécie de usina de reelaboração simbólica". O que o chão da escola permite conhecer é bem mais do que prevemos ou do que comumente se verbaliza, pois demanda a delicadeza da observação sensível, da escuta atenta e da desconstrução de princípios binários e resistentes ao contraditório que, como destacamos acima, são características que particularizam as contribuições deste livro.

Para construir esse percurso e pautar essas questões, Marcos estabelece um diálogo profícuo com pensadores das Ciências Sociais,

Filosofia, História, dentre outros, e nos possibilita o encontro com uma diversidade de perspectivas de análise, muitas delas pouco presentes nos trabalhos que abordam a educação escolar de estudantes com deficiência. Esse debate menos convencional favorece a emergência de perguntas também menos frequentes na literatura da área, tornando a proposta do livro ainda mais original e instigante. Além disso, a busca pela precisão dos conceitos e sua clarificação, por meio das polissemias e antagonismos, é uma preocupação constante do autor, refletida na sua escrita, que amplia as possibilidades de análise e reflexão crítica.

Se a literatura especializada é menos presente na publicação, referências a documentos internacionais e nacionais, como a Convenção dos Direitos das Pessoas com Deficiência (2006) e a Política Nacional de Educação Especial na Perspectiva da Educação Inclusiva (2008), fazem parte das análises compartilhadas no livro, com suas especificidades e complexidades.

Dentre os desafios mais pungentes para a construção cotidiana de uma educação inclusiva, como articulado por Marcos, destaco a busca pela interdependência, em contraposição à meta do produtivismo e da autonomia, tão celebrados em nossa sociedade atual. O reconhecimento da alteridade, da pluralidade de corpos e de suas múltiplas formas de ser não comporta a exigência da padronização e a busca da autonomia como eixo que orienta as práticas formativas. Ao contrário, evidencia os seus limites e seu esvaziamento diante da vulnerabilidade humana, cada dia mais condicionada às disputas estabelecidas nas esferas do poder e às condições impostas à vida.

A partir da abordagem desses diferentes aspectos, é possível afirmar o quanto a leitura deste livro enriquece o nosso olhar em relação às diferenças e às concepções em torno de uma educação inclusiva, e nos convida a nos movimentarmos em relação ao outro e ao instituído, apostando em práticas que possam inaugurar o instituinte, por meio de outros posicionamentos e percepções.

Introdução

Em 2003, na França, Christian Laval publicou um livro cujo título é um exemplo singular de clareza e objetividade: *A escola não é uma empresa* (Laval, 2003). A obra também foi publicada no Brasil, com acréscimos do autor, em 2019 (Laval, 2019), e tem cumprido, desde seu lançamento, papel importantíssimo na disseminação de argumentos críticos contra a redução da Educação pública à lógica empresarial e seus parâmetros de eficiência. Esses parâmetros, quando vistos de perto, se mostram vetores de um produtivismo destrutivo, produtivismo esse que se apropria e refaz o sentido de palavras que em passado próximo expressavam nossas expectativas de elaborar um (con)viver sem tantas assimetrias sociais. Como exemplo, posso citar a apropriação da palavra autonomia, que, nos modos recentes de usá-la, tem expressado mais as impossibilidades que as possibilidades da Inclusão.

A escola, de fato, não é uma empresa, e associá-la à perspectiva desse produtivismo que procura suscitar um empreendedor em cada estudante desmancha continuamente os esforços para configurar uma Educação Inclusiva (Freitas, 2018). E se tem sido necessário reafirmar que a escola não é uma empresa, também tem sido necessário afirmar que Educação Inclusiva não é simplesmente um método para dar autonomia às crianças com deficiência.

Dois fatores foram decisivos para que eu decidisse publicar este livro, cujo conteúdo se vale de achados de pesquisas diretamente vinculadas ao tema Educação Inclusiva.

O primeiro fator se apresentou em decorrência de uma constatação. Estou convencido de que a palavra Inclusão é permanentemente usada, mas são poucos os esforços para elucidar o que se entende por Inclusão e seus domínios conexos, como Educação Inclusiva. Nos capítulos a seguir, indicarei como, em minha opinião, estamos usando Inclusão e Educação Inclusiva com o sentido de acesso e acessibilidade, como se expressar acesso ou acessibilidade já fosse suficiente para descrever a complexidade da permanência e da convivência escolar com a pessoa que enseja constantemente o uso de palavras como diferente e diferença.

O segundo fator é de ordem contextual. Este livro foi escrito no contexto desafiador que se configurou na experiência de confinamento que a pandemia de covid-19 impôs.

A escola foi desafiada a não perder a conexão com seus alunos e, num conjunto imenso de exemplos que relatam dificuldades enfrentadas, foi possível recolher mais uma vez referências às crianças com deficiência mencionadas como se fossem ora "obstáculos", ora merecedores de estratégias "à parte".

Nosso país ostenta histórico e contínuo esforço para apresentar estratégias de segregação, confinamento, apartação como se fossem sinônimos de educação, proteção e cuidado (Freitas, 2016; Rizzini, 2005). E no contexto sombrio da pandemia, pareceu-me oportuno e necessário persistir na reflexão sobre Educação Inclusiva num cenário em que o confinamento, pelo menos por um período de tempo, demarcou o território de escolarização de todos os estudantes.

Embora o contexto pandêmico tenha suscitado a intenção de escrever, este livro não quer responder às questões trazidas neste momento catastrófico em que o alastramento de um agente mortal deu-se de modo combinado com o alastramento de argumentos obscurantistas. Morte e obscurantismo, este multiplicando aquela.

A discussão que este livro enseja já estava posta e ganhou mais uma camada de complexidade nos dias que seguem. Tornou--se possível discutir a reelaboração permanente que deficiências e diversidades recebem no chão da escola, com base na minha intenção de elaborar uma crítica à redução da Educação Inclusiva aos pressupostos do acesso e da acessibilidade. Já era possível levar a efeito essa análise, e o cenário atual proporcionou escrever.

O conteúdo deste livro compartilha achados de pesquisas que faço já há alguns anos, algumas finalizadas e outras em andamento e com processo aberto de sistematização de resultados. Todas dizem respeito, de modo geral, ao tema Educação Inclusiva.

Essas pesquisas têm sido financiadas pelo Conselho Nacional de Desenvolvimento Científico e Tecnológico, o CNPq, e duas delas especificamente permitiram observar de perto situações que possibilitaram reunir exemplos que servem de base para a análise que este livro apresenta.

As duas pesquisas a que me refiro são *De diagnósticos e prognósticos: crianças com experiências de escolarização em processos de isolamento*[1] e *Educação inclusiva: conexões entre diversidades, deficiências e migrações*[2], esta ainda em andamento.

São duas pesquisas cujos cadernos de campo utilizados para recolher informações têm registros de cenas e de personagens acompanhadas de perto, com base num modo de pesquisar típico das etnografias. Por isso, os capítulos a seguir têm muitas palavras entre aspas, porque indicam falas recolhidas no trabalho de campo, muitas vezes em situações nas quais alguém reagia à presença de uma criança permanentemente descrita com representações da diferença.

---

1. Processo CNPq 305683/2016.
2. Processo CNPq 305634/2019.

O que essas pesquisas mais recentes ensinaram somou-se à experiência com projetos que há duas décadas são desenvolvidos no e com o "chão da escola", categoria de análise que será pormenorizada adiante. E são projetos desenvolvidos nesse complexo e desafiador universo porque fazem parte de um programa de investigações relacionado à escolarização de crianças com deficiência ou cronicamente enfermas que está abrigado no projeto institucional EDUCINEP: Educação Inclusiva na Escola Pública, também certificado há muitos anos no CNPq.

O EDUCINEP agrega a Plataforma de Saberes Inclusivos e o Laboratório de Pesquisa e Escuta do Atendimento Educacional Especializado (LAPEAEE), no âmbito da Escola de Filosofia, Letras e Ciências Humanas da Universidade Federal de São Paulo (EFLCH-Unifesp), com a participação de estudantes da graduação e da pós-graduação e a visita permanente de professores das redes públicas de ensino com as quais a Unifesp interage.

Em meu trabalho, continuamente dialogo com professores/as da Educação Básica, e a fortuna pedagógica que essa experiência contínua de troca favorece acumular permite participar de discussões em que docentes detalhadamente expõem as percepções que têm a respeito do tema Educação Inclusiva.

Educação Inclusiva, como será exposto, na maior parte do tempo é tratada como sinônimo de Educação Especial. Quando mencionada, a Educação Inclusiva alude a um "público-alvo" e muitas vezes é lembrada como se fosse um recurso descritivo para abordar a situação das chamadas "crianças de inclusão", esta uma referência que deteriora a identidade e estigmatiza quem é apontado.

Como perspectiva analítica e síntese de propostas, a Educação Inclusiva não se restringe à questão das deficiências. Mas o cotidiano tem oferecido exemplos que interligam falas de personagens da escola e das famílias. Nessas conexões nunca consegui registrar uma manifestação que não apresentasse em primeiro plano a palavra deficiência para definir o conteúdo e a razão de ser da Educação Inclusiva no universo da Educação Básica.

Assim, a reposição cotidiana do "sentido de inclusão" diz respeito à formulação como categoria nativa que se deixa escutar quando a dualidade "com autonomia" *versus* "sem autonomia" é articulada para explicar a desafiadora presença da pessoa com deficiência.

Presença e permanência são categorias decisivas para pensar Educação Inclusiva.

No contexto da pandemia de covid-19, a percepção geral de que somos todos vulneráveis e interdependentes pode ensejar (espero) uma crítica ao modo como usamos a palavra autonomia. Nós a utilizamos como se fosse expressão natural do sujeito que a escola deve elaborar, o indivíduo "que não depende". Do modo como fazemos, autônomo é representação do homem produtivo, do *Homo oeconomicus*.

Este livro apresenta uma breve reflexão a respeito dos modos de usar a palavra autonomia na educação escolar. Mas faz essa breve reflexão lembrando que as palavras deficiência e diversidade muitas vezes se conectam e essas conexões são fundamentais para analisar a Educação Inclusiva no chão da escola, sem prendê-la numa redoma de sentido, pois o chão da escola é uma espécie de usina de reelaboração simbólica.

Deficiências e diversidades são palavras permanentemente tocadas, afetadas, pelas expectativas de que o outro se comporte "com autonomia". E essas expectativas proporcionam investigar o cotidiano escolar vislumbrando cenários deficientizadores, ou seja, usando categorias de análise que buscam compreender como cada qual se torna a personagem que encontramos e, concretamente, vive a experiência de estar presente com "sua diferença", o que muitas vezes significa ser tratado como se estivesse presente "apesar de sua diferença".

Que as páginas a seguir favoreçam recuperar o sentido primeiro de Educação Inclusiva que é um modo de olhar o todo, de trabalhar com todos, na mesma escola, na escola (em) comum.

Escrevi este livro mergulhado na convicção de que convivência é a palavra-chave do projeto que pode conectar a escola com o dia claro que haverá de sair desta noite escura em que estamos.

Educar sem segregações, sem apartar diferenças, sem evitar diferentes. Reconhecer a complexidade desse desafio sem reducionismos biológicos, econômicos, sem obscurantismos e com abertura ao diálogo, à escuta.

Ainda é necessário detalhar o que queremos quando escrevemos, falamos, defendemos Educação Inclusiva. Ainda se faz necessário explicar, com delicadeza, o que entendemos por Inclusão. As páginas a seguir tratam um pouco disso.

Escrevi este livro com muita saudade do alarido das escolas, das revoadas de crianças (sempre aladas). Saudades também do ir e vir que sempre caracterizou minha vida de professor/pesquisador, do andar nas periferias, nas "quebradas". Sinto saudades do convívio em sala de aula com jovens que adentraram a Universidade Pública que, como disse um dia Darcy Ribeiro, andou "se pintando de povo".

Terminei a escrita deste livro com o coração trincado pela partida de José Xavier Cortez. Desde 1995 conversamos incessantemente sobre a vida, sobre crianças, sobre livros, sobre um mundo sem fome. Continuaremos conversando, sem cessar. Continuaremos.

Em Conceição do Jaguari.
Primavera de 2021.

Do mergulho na lâmina do microscópio ao léxico da inclusão

A pesquisa etnográfica é bastante importante para o universo de investigação que diz respeito ao tema Educação Inclusiva. Especialmente porque a imersão que caracteriza a inserção do pesquisador no campo de observação proporciona apreender aquilo que antropologicamente pode ser reconhecido como "categoria nativa". Em outras palavras, proporciona registrar as bases com as quais as próprias personagens da trama analisada constroem o que são, o que fazem e quais nexos são articulados para que cada um elabore o referir-se a si, o identificar-se.

A Educação Inclusiva não se restringe a um conjunto, ainda que expressivo, de conquistas democratizantes contidas em marcos regulatórios que passaram, em dado momento, a garantir o acesso e a permanência de pessoas reconhecidas em suas "diferenças".

A Educação Inclusiva é também expressão de como cada um se vê, se localiza, se percebe, em relação àquele que chega aos territórios escolares. Enquanto sistema simbólico, mostra-se muitas vezes nos modos como cada um fala de si quando está descrevendo o outro, fazendo do outro "um outro". Também é aquilo que se elabora pelo que chega, aquele que "se torna" (Hall, 2000) personagem associável às representações da inclusão.

Para alguns, adentrar a escola pode ser comparado a cruzar fronteiras. Significa valer-se do acesso que se tornou possível, mas significa também mostrar credenciais e receber incessantes referências relacionadas àquilo que é necessário, imprescindível para permanecer. São marcações de exterioridade que mais instauram diferenças do que acolhem aquelas que são trazidas pelo outro, que vêm no e com o corpo do outro.

A escola é um território em cujos dialetos é possível reconhecer e traduzir a percepção (de quem está e de quem chega) a respeito de alguns que são percebidos como aqueles que fazem jus a algo "especial" porque "são diferentes". E nos jogos de interação em que essas percepções se mostram, despontam situações em que algumas práticas de significação enredam deficiências e diversidades na composição de respostas a questões como "Quem sou eu em relação à Educação Inclusiva?", "Quem é aquele em relação aos propósitos da Educação Inclusiva?" "Por que ele?", "Por que não ele"?

Nesse enredo, o sentido que a experiência de situar-se em relação aos demais adquire muitas vezes se configura nas representações daqueles que se veem implicados na realização de uma Educação Inclusiva, bem como nas apropriações que refazem o conteúdo de inclusão conforme o seu "uso". E é a pesquisa etnográfica que favorece registrar em detalhes a presença da pessoa marcada com as diferenças das deficiências ou da diversidade cultural no momento mesmo em que essas palavras "ganham sentido" e as pessoas se tornam identificáveis por diferenciação (Hall, 2005).

Nos últimos quinze anos, os muitos cadernos de campo que elaborei em pesquisas etnográficas realizadas em escolas e seus entornos possibilitam reconhecer, constatar, que a palavra inclusão foi, é, intensamente utilizada.

Tem sido possível observar situações em que o uso da palavra inclusão torna-se corriqueiro, recorrente, constante. Observam-se também situações em que se registra a apropriação desse significante em perspectiva estratégica, ou seja, para indicar problemas específicos, (im)possibilidades e, cada vez mais, para evocar direitos adquiridos.

Inclusão é, sem dúvida, uma palavra-chave sem a qual nenhum analista da educação apreende o cotidiano escolar brasileiro tal como se reconfigurou nas últimas décadas do século XX e nas primeiras do século XXI.

Diz respeito a um repertório de registro da diversidade em cujo uso corrente das palavras inclusão, inclusivo/a, educação inclusiva, pedagogia inclusiva (ou da inclusão), percebe-se um modo de reagir a um "contraste", uma demarcação permanente do que é (ou não é) feito em relação àquele cuja presença ainda surpreende, uma significativa construção de alteridade.

Como pesquisador familiarizado com o dia a dia escolar, consegui testemunhar a dinâmica cotidiana que conectou os marcos regulatórios da ampliação de direitos ao palavreado típico que ecoa no chão da escola. Como se tivesse registrado com os instrumentos de pesquisa, observação e coleta de dados a recepção no âmbito educacional de um grande léxico elaborado com palavras (categorias/conceitos) provenientes de bases distintas, nacionais e internacionais, alinhavadas como um *patchwork* na cotidianidade do trabalho escolar.

É equivocado pensar que as personagens dos cenários escolares simplesmente respondem pela assimilação de pressupostos consolidados nas esferas do Direito. É importante não ignorar que as muitas formas de conceber inclusão estão permeadas pelos modos de usar a palavra e, principalmente, pelos modos como esse uso expressa relações sociais.

Isso dá um contorno quase artesanal ao sentido que a palavra adquire quando usada, quando escrita, quando falada, sentido que é redesenhado o tempo todo com alinhavos, justaposições e ressignificações que expressam contradições e assimetrias compreensíveis somente de perto, desde dentro. Lidar com percepções que emergem dentro da escola impõe um esforço dedicado a compreender como compreendem, tal como diria Max Weber, aqueles que falam de inclusão. Um esforço que se complementa com a atenção às estruturas de tempo e espaço que são decisivas para que se instaurem convicções e sejam compartilhadas percepções do que é considerado (im)possível fazer com a diferença e com o diferente.

A circulação dos sentidos e propósitos da Educação Inclusiva na malha educacional que temos é incompreensível sem reconhecer um simbólico ponto de partida. Conseguimos aprovar em 1988 um artigo constitucional, o 3º, que prescreveu um "dever de Estado" voltado aos esforços para que barreiras radicadas nas assimetrias sociais de raça, sexo, cor, idade deixassem de existir.

E é por isso que na mesma base normativa, a Constituição Federal, o Parlamento viu-se obrigado a redigir um artigo específico para tratar da igualdade de condições, o artigo 206, e este gerou a matéria argumentativa, no seu muito citado artigo 208, que lançou as bases do que se configurou nas políticas públicas subsequentes como direito a um Atendimento Educacional Especializado, o AEE.

Quero afirmar sem hesitação que, no âmbito da educação escolar, a palavra inclusão predominantemente diz respeito à presença de crianças, jovens e adultos com deficiência. E é usada como componente descritor dessa presença e quer indicar esforços para responder a desafios entendidos como decorrentes de déficits, impedimentos e insuficiências de base orgânica. Esse é seu uso corrente.

Educação inclusiva não se restringe ao tema deficiência, ainda que nele tenha um componente fundamental e estruturante. Mas o que se verifica na maior parte do tempo é que, na escola, a categoria inclusão é modulada por um modo de compreender a Educação Especial.

Nos últimos quinze anos, me deparei com a permanência de modos de pensar e decidir pedagogicamente que seguidamente demonstravam o uso da categoria inclusão, ou Educação Inclusiva, com um sentido ainda "integracionista", projetado na década de 1990 por um modo (não unânime) de conceber a Educação Especial. Estou me referindo ao vocabulário e repertório pedagógico urdidos no bojo da Política Nacional de Educação Especial, de 1994.

Estratégias de "integração" condicionavam o acesso às classes comuns à demonstração de condições para acompanhar o ritmo de aprendizagem dos demais alunos. Constatada a "impossibilidade" individual, projetava-se um modo próprio de permanecer sem comprometer o todo.

Pesquisas recentes (Freitas; Jacob, 2019; Freitas; Santos, 2021) demonstraram a persistência de estratégias de integração que permitem constatar, ainda hoje, em nosso universo escolar, situações que exigem, conforme o caso, o uso de categorias como "excluídos no interior" de Pierre Bourdieu (2005), "outsiders" de Norbert Elias (2004), e que possibilitam reconhecer as "presenças ignoradas" propostas por Erving Goffman (2011) e "outsiders within" lembrados por Patricia Hill Collins (2016).

Em todas as situações presenciadas, o modo integracionista de trabalhar se efetivava indiretamente, "com" o uso da palavra inclusão. A evidência mais concreta disso é percebida nas muitas vezes em que professores respondem que consideram importante desenvolver alguma atividade para que a criança com deficiência se ocupe "enquanto" as demais estudam.

É necessário lembrar que a Lei de Diretrizes e Bases da Educação Nacional (LDBEN), Lei n. 9.394/96, um dos marcos legais mais citados quando protagonistas do cotidiano escolar apresentam discussões e coordenadas que mencionam o tema "diversidade", contraditoriamente manteve o uso do advérbio "preferencialmente" para se referir ao direito da criança com deficiência à escola comum.

Embora a LDBEN n. 9.394/96 tenha reconhecido a obrigação de atender particularidades visando garantir o "atendimento às necessidades especiais" e, assim, assegurar a permanência, vide artigo 59, não são poucas as vezes nas quais se percebe uma evocação desse documento para indicar um "sempre que possível", uma vez que "preferencialmente" não foi objeto de crítica e superação no texto em questão.

Constata-se, na sociedade brasileira, a obliteração cumulativa do sentido mais potente da palavra inclusão, na medida em que esta é usada para afirmar aquilo que a Educação Inclusiva tem por objetivo negar e superar. Isso se dá em contextos macroestruturais, como os que se expressam com leis e normativas, e também nos que são microestruturados, como os que se mostram na lâmina do microscópio cotidiano.

Essa contradição se manteve e se alimentou das representações do possível e do impossível expressas em conteúdos como os que foram apresentados na Política Nacional para Integração da Pessoa Portadora de Deficiência que regulamentou, em 1999, a Educação Especial como modalidade transversal a todos os níveis de ensino e complementar ao ensino regular.

Se rapidamente a escolha infeliz da palavra "portadora" foi objeto de crítica e rejeição, a força dos repertórios incorporados na década de 1990 ainda se mostra na intensa e constante utilização da expressão "necessidades especiais". Como já foi observado por Freitas (2020), trata-se de uma manifestação quase dialetal no vocabulário que escola e família desenvolvem para mencionar a presença de crianças com deficiência. Em determinados contextos, especial tornou-se sinônimo eufemista e "funcional" para aqueles que manifestam desconforto com as palavras deficiência e deficiente.

São expressões que também permitem perceber a irradiação ampla do léxico próprio aos tratados e declarações internacionais (Jomtien, 1990 e Salamanca, 1994) permanentemente retomados quando são mencionados direitos à aprendizagem e quando se levantam bandeiras como as de educação para todos. O Brasil se apresentou, em 1999, como signatário da Convenção da Guatemala, relacionada ao respeito e defesa da diversidade humana, mas esta é uma referência raramente mencionada no universo escolar.

Em redes públicas de ensino de grande envergadura, como a da cidade de São Paulo, por exemplo, nos diálogos com gestores, coordenadores e com responsáveis por setores especificamente voltados à Educação Especial e seu "público-alvo", recorrentemente as Diretrizes Nacionais para a Educação Especial na Educação Básica, elaboradas na Câmara de Educação Básica do Conselho Nacional de Educação, em 2001, são lembradas e mencionadas.

A Educação Especial tomou distância das formulações integracionistas e viu-se fortemente comprometida com Atendimento Educacional Especializado (AEE), suplementar à escolarização em sala comum.

Quanto a esse processo, observa-se que:

O Plano Nacional de Educação assinado em 2001 repercutiu isso, e a força dessa repercussão exigiu um processo de reconfiguração da Educação Especial. As Diretrizes Curriculares Nacionais para a Formação de Professores da Educação Básica estenderam esse redimensionamento de propósitos para o universo da formação de professores, e a partir de 2003 o MEC assumiu a responsabilidade de promover a sedimentação daquilo que passou a denominar de sistemas educacionais inclusivos, o que combinava estratégias de gestão para garantir o acesso e políticas para proliferar o AEE (Freitas, 2020, p. 250).

No âmbito da Educação Básica, especialmente no universo da escola pública, esse espectro normativo foi incorporado, ainda que de modo muito fragmentado, por professores que mencionam, por vezes aleatoriamente, trechos dessas bases normativas. Em pesquisa recente (Freitas, 2019), foi possível escutar de mães e professoras, com unanimidade, que Educação Especial "é" AEE.

Ao mesmo tempo, são abundantes e expressivos os esforços pessoais e coletivos de professores para demonstrar convicção de que, no âmbito do trabalho que fazem, no universo escolar diário ou no da governança educacional mais ampla, predomina um agir singular, o da Educação Especial na perspectiva da Educação Inclusiva. O que isso concretamente tem significado?

Quando o MEC anunciou em 2003 um Programa de Educação Inclusiva, valeu-se desse expediente para reconhecer o "direito à diversidade" (Brasil, 2003). E isso se deu com base numa constatação, a de que os esforços desenvolvidos até aquele momento para que a Educação Especial permeasse transversalmente a Educação Básica não se deram na perspectiva da inclusão.

O que se constatava em 2003, já tinha sido abordado com grande ênfase dois anos antes, no Plano Nacional de Educação (Lei n. 10.172/2001), em cuja redação desponta um esforço definidor que especifica que a escola é inclusiva quando garante o atendimento à diversidade humana.

Percebemos que estava em andamento um processo que, olhando hoje com o espelho retrovisor, caracterizava-se por lançar mão de dois esforços simultâneos. O primeiro dizia respeito a garantir e ampliar a base material de acessibilidade, passível de ser exigida por lei e aplicável[3] a um amplo espectro de utilização de bens, aparelhos, serviços, materiais didáticos, conteúdos, entretenimentos, instalações e instituições. E um segundo esforço que dizia respeito a cobrir com perspectivas inclusivas as camadas de

---

3. Lembremos, por exemplo, das normas da Associação Brasileira de Normas Técnicas, ABNT, que na revisão ABNT NBR 9050:2015 estabeleceu de modo mais denso e abrangente parâmetros de acessibilidade e ergonomia.

acumulação de experiência contidas no histórico de contribuições da Educação Especial.

Na Educação brasileira, as palavras acesso e acessibilidade foram incorporadas e disseminadas de modo singular, esvaziando o sentido buscado quando afirmávamos que faltava à Educação Especial uma perspectiva inclusiva. Essa percepção de "déficit inclusivo", característica dos ganhos políticos da primeira década do século XXI, no Brasil, ensejou a publicação de um documento que até agora figura entre os mais citados no âmbito das redes públicas de ensino e nas estruturas de governança educacional dos municípios, como as Secretarias de Educação, por exemplo. Trata-se da Política Nacional de Educação Especial na Perspectiva da Educação Inclusiva (PNEEPEI, 2008).

Este documento, esta política, cita onze vezes a palavra inclusão, na maioria das vezes especificando-a como "inclusão educacional". No uso da palavra para expressar a argumentação que caracteriza o documento, nota-se o esforço analítico para desvelar o "paradoxo inclusão exclusão" e para fortalecer o "apoio à inclusão escolar".

Trata-se de referência importantíssima, com contradições que serão analisadas a seguir, contradições essas que não retiram dessa política sua força estratégica que efetivamente ofereceu à Educação Especial brasileira uma perspectiva que lhe faltava.

O primeiro esforço argumentativo da PNEEPEI foi o de sintonizar o debate nacional relacionado à escolarização de estudantes com deficiência àquilo que o documento denomina "movimento mundial pela educação inclusiva". Esse movimento é definido como

> [...] uma ação política, cultural, social e pedagógica, desencadeada em defesa do direito de todos os estudantes de estarem juntos, aprendendo e participando, sem nenhum tipo de discriminação (BRASIL, 2008, p.1).

O esforço é digno de elogioso registro, pois o documento toma como ponto de partida a necessidade de conjugar igualdade *com* diferença, e é com base no reconhecimento da indissociabilidade entre ambas que seus autores vislumbram a construção de sistemas educacionais inclusivos, interpelando historicamente escolas e classes especiais, propondo a superação de estratégias substitutivas do ensino comum.

O marco mais expressivo da contribuição da PNEEPEI está num conceito que permeia todo o texto, mas que não é mencionado diretamente. Estamos nos referindo à interseccionalidade.

A PNEEPEI explicita que Educação Inclusiva não é uma projeção de especialidades sobre deficiências, e que nessas, apreendidas na experiência concreta de cada corpo em cada situação, estão interseccionadas assimetrias sociais, tais como as que imbricam raça, etnia, gênero e classe social.

Recentemente, Freitas e Santos (2021) indicaram que o pressuposto subjacente à PNEEPEI, de que um corpo é sempre um corpo no mundo e com o mundo, é imprescindível para compreender que a perspectiva que a Educação Inclusiva tem a acrescentar à Educação Especial é a que deborda das intersecções que confirmam que nem a deficiência, nem o adoecimento crônico, podem ser reduzidos exclusivamente à dimensão orgânica de cada pessoa.

A PNEEPEI acrescenta aos marcos regulatórios da Educação Especial referências para que a categoria inclusão seja utilizada como recurso potente para analisar os desafios postos pela complexidade que a permanência do "outro diferente" suscita.

Inclusão complementa e amplia o direito ao acesso, que se concretiza na eliminação de barreiras legais, institucionais e formalidades impeditivas que bloqueiam a chegada e a entrada da pessoa com deficiência. Inclusão também complementa e amplia o direito à acessibilidade, que se concretiza na disponibilidade de recursos técnicos, tecnológicos e de repertórios adaptativos os mais diversos.

Mas se inclusão complementa e amplia o alcance de acesso e de acessibilidade, ela o faz incidindo diretamente sobre a permanência. Ou seja, é uma dimensão interna e necessariamente ligada à complexidade da convivência, do fazer junto, do compartilhar (o mesmo lugar e a mesma tarefa). Trata-se de uma perspectiva que desloca o foco para o cenário, para o todo, para todos, de maneira a incidir sobre os modos de fazer e sobre as estruturas de tempo e espaço, ensejando transformações densas para que as diferenças componham, façam parte, sem prolongar assimetrias que, por suposto, começaram a ser enfrentadas com as quebras de barreira ao acesso e com a atenção ao que é específico, que caracteriza a acessibilidade.

Generalizou-se o uso casado das palavras acessibilidade e inclusão, mas é necessário frisar que não devemos manejar essa justaposição como se afirmássemos acessibilidade "ou" inclusão, tampouco acessibilidade "como" inclusão. E é neste aspecto singular e contraditório (a percepção de que acessibilidade "é" inclusão) que se encontram dificuldades de toda ordem que resultam, muitas vezes, no esvaziamento das perspectivas próprias da Educação Inclusiva.

A própria PNEEPEI que se fez imprescindível à Educação brasileira confirmando que o Atendimento Educacional Especializado não substitui a classe comum, quando expôs os objetivos desse AEE, indicou como sua a "função de identificar, elaborar e organizar recursos pedagógicos e de acessibilidade". Mas quando expôs seus propósitos maiores, dos quais decorriam todos os outros, pareceu ser suficiente indicar que a PNEEPEI "[...] tem como objetivo o acesso, a participação e a aprendizagem das pessoas com deficiências, transtornos globais de desenvolvimento e altas habilidades e superdotação nas escolas regulares".

Inclusão tornou-se palavra-chave, no sentido que Raymond Williams (2010) apreende as palavras com as quais um tempo se fala, fala de si. Porém, assim como é necessário explicitar o sentido de "público" quando defendemos escolas públicas, instituições públicas, esfera pública etc. evitando, com o esforço elucidativo, corroborar a impressão de sentido dado, natural, uma vez que se trata de sentido em construção, em disputa, é necessário explicitar que acesso/acessibilidade, mesmo quando possíveis, ainda não expressam inclusão. Esta tem conteúdo próprio.

Nos anos seguintes à publicação da PNEEPEI, foi possível perceber, na interlocução com pessoas adultas com deficiência, pessoas que não tinham contato direto com o universo da Educação Especial, que havia considerável expectativa em relação ao projeto que tramitava no parlamento brasileiro desde o ano 2000 e que resultaria na aprovação da Lei n. 13.146, de 2015, denominada Lei Brasileira de Inclusão: Estatuto da Pessoa com Deficiência (LBI), reconhecida também como Estatuto da Pessoa com Deficiência.

Trata-se de um processo que possibilitou mais uma vez o enredamento da pauta brasileira relacionada à cidadania das pessoas com deficiência com a pauta internacional que dava guarida ao mesmo tema.

O texto que deu início ao processo de articulação da LBI foi apresentado no ano 2000 pelo deputado Paulo Paim, e em 2003, este, já na condição de senador eleito, apresentou também a proposta no Senado.

Em 2006, a matéria recebeu um substitutivo na Comissão Especial da Câmara dos Deputados, apresentado pelo deputado Celso Russomano e, no Senado, o senador Flavio Arns relatou o texto que daria base para a aprovação.

O novo enredamento entre as pautas nacionais e internacionais relacionadas à pessoa com deficiência se dá em 2008, mesmo ano da publicação da PNEEPEI. Isso se dá porque, no âmbito da Organização das Nações Unidas (ONU,) foi consolidada a Convenção sobre os Direitos das Pessoas com Deficiência, disponível para adesão facultativa desde 30/03/2007 e ratificada pelo Brasil em 1º/08/2008.

Em 2012, a Secretaria de Direitos Humanos instituiu um grupo de trabalho incumbido de ajustar nossa LBI à Convenção da ONU, e isso permitiu que o texto permanecesse em regime de consulta pública no biênio 2013 e 2014. Neste ano, a relatora deputada Mara Gabrilli apresentou o texto final, e em 2015 ela mesma respondeu pelo substitutivo que seria votado, aprovado na Câmara dos Deputados e encaminhado para o Senado.

No Senado, o senador Romário de Souza Faria foi o relator do texto final, que resultou na LBI encaminhada para sanção da presidenta Dilma Rousseff naquele mesmo ano.

Há, portanto, imbricação entre o Estatuto nacional e a Convenção internacional, e é importante analisar se nessas plataformas de estabilização de direitos a palavra inclusão é recebida, tratada, cuidada de modo a não permanecer contida (e suposta como dada) nos sentidos de acesso e acessibilidade.

A Convenção da ONU usa sete vezes a palavra inclusão. Predominantemente, o sentido buscado é o de processo completado com sucesso, "plena inclusão". Essa intenção política é precedida por um esforço preambular organizado para demonstrar o que a Convenção reconhece e, nesse reconhecimento, expressa como "direitos iguais e inalienáveis de todos os membros da família humana".

A Convenção reconhece que

> [...] a deficiência resulta da interação entre pessoas com deficiências e as barreiras devidas às atitudes[4] e ao ambiente que impedem a plena

---

4. É possível registrar o uso e apropriação internacional dessa Convenção lembrando, por exemplo, a generalização da expressão "barreira atitudinal" que seu conteúdo proporciona. Essa expressão é usada continuamente no universo escolar.

e efetiva participação dessas pessoas na sociedade em igualdade de oportunidades [item "e" do Preâmbulo].

Percebendo que as barreiras estão necessariamente para além dos limites orgânicos das pessoas com deficiência, o texto afirma a diversidade como categoria fundante dessa presença (item i) e se filia ao universo interpretativo que reconhece que inclusão e deficiências têm a ver com "intersecções" (item p). Essas têm na categoria "gênero" (item s) uma dimensão indissociável das muitas barreiras que se apresentam cotidianamente para a pessoa com deficiência e também para sua família (item x).

Mas é no item "n" que encontramos as palavras fundamentais para compreender aquilo que possivelmente se configura como maior entrave à Educação Inclusiva, que é o lugar de destaque reservado às palavras autonomia e independência, palavras que serão analisadas adiante.

A estratégia argumentativa da Convenção da ONU visa garantir seus pressupostos e princípios norteadores organizando conceitualmente seus artigos. Trata-se de um recurso intensamente replicado no universo da Educação Inclusiva, pois diz respeito a definir (uma dinâmica em que a situação ganha vida à medida que recebe um nome), garantir abrangência (uma dinâmica pedagógica que ensina quem, como e quando os direitos reconhecidos abrangem) e formar repertórios (uma dinâmica que se dá à circulação e apropriação no uso de palavras-chave que denotam filiação à perspectiva convencionada).

O texto tem uma definição estruturante em seu artigo primeiro:

> Pessoas com deficiência são aquelas que têm impedimentos de longo prazo de natureza física, mental, intelectual ou sensorial, os quais, em interação com diversas barreiras, podem obstruir sua participa-

ção plena e efetiva na sociedade em igualdades de condições com as demais pessoas.

A noção de participação plena é fortemente marcada pela expectativa de conexão ou restauração de processos comunicativos. Assim, definida a pessoa com deficiência, o passo seguinte se dá em direção à definição da abrangência da comunicação, o que é concretizado na sequência, no artigo segundo, que explicita o que a categoria comunicação abrange nos termos e propósitos da Convenção.

Abrange:

> [...] língua, visualização de textos, Braille, [interação] tátil, caracteres ampliados, multimídia acessível, sistemas auditivos, voz digitalizada, tecnologia de informação...

Língua é imediatamente pluralizada (línguas) e diversificada (faladas, de sinais e não faladas) e o texto é conduzido para formalizar o respeito à pessoa com deficiência como substrato do respeito e aceitação da diferença.

Delineia-se um campo argumentativo minudente, que organiza especificidades, como as que se referem às mulheres (art. 6º) e crianças (art. 7º) com deficiência, e essas, no conjunto que caracteriza um espectro populacional, têm explicitados seus direitos de acesso à justiça (art. 13) e proteção conjugada aos direitos imigratórios (art. 18).

Os artigos 9º, 19 e 20 são os que têm sido reconhecidos como conquistas relevantes, pois mencionam conexões entre pessoas e aparatos específicos e, com base nessas conexões, explicitam o que a Convenção quer assegurar. São referências que permitem flagrar a acessibilidade sendo apontada como se fosse inclusão, embaralhando os temas.

Nos três artigos mencionados, acessibilidade é detalhada (Braille, podotátil, instalações etc.), associada à comunidade e referida à mobilidade (em muitos sentidos). Os Estados signatários se comprometem a facilitar "[...] às pessoas com deficiência o acesso às tecnologias assistivas, dispositivos e ajudas técnicas de qualidade e formas de assistência humana ou de animal e de mediadores" (Art. 20, alínea b).

Mas os trechos destacados contêm argumentos e explicitam objetivos que sintetizam com os propósitos da acessibilidade a "razão de ser" da inclusão e, nesse sentido, a expectativa de instaurar ou restituir o "viver de forma independente" (9º), a "vida independente" (19) e a "máxima independência possível" (20) apagam o que distingue acessibilidade de inclusão, pois se a primeira pode abrir-se às expectativas construídas com representações de independência, a segunda somente se apresenta com a noção de interdependência (nunca mencionada).

A educação é mencionada como educação escolar, o que é digno de elogioso registro, e é evidenciada quando o texto passa a tratar de sistemas educacionais inclusivos (art. 24). As alíneas a e b deste artigo interpelam os signatários a assegurarem que:

> As pessoas com deficiência não sejam excluídas do sistema educacional geral sob alegação de deficiência e as crianças com deficiência não sejam excluídas do ensino primário[5] gratuito e compulsório ou do secundário[6], sob alegação de deficiência;
> (...)
> As pessoas com deficiência possam ter acesso ao ensino primário inclusivo, de qualidade e gratuito, e ao ensino secundário, em igualdade de condições com as demais pessoas na comunidade.

---

5. No Brasil, fundamental I e II.

6. No Brasil, ensino médio.

E o objetivo final do acesso aos sistemas educacionais inclusivos é sintetizado na expectativa de proporcionar a cada um/a "adquirir competências práticas e sociais necessárias". Volto à Lei Brasileira de Inclusão, que é a expressão brasileira dessa Convenção.

A LBI evoca a "inovação" para expor seu feito mais expressivo:

> [...] a mudança do conceito de deficiência, que agora não é mais entendida como uma condição estática e biológica da pessoa, mas sim como resultado da interação das barreiras impostas pelo meio com as limitações de natureza física, mental, intelectual e sensorial do indivíduo (preâmbulo inclusivo da LBI, p. 12).

E essa "inovação" estrutura um modo de conceituar a deficiência buscando um deslocamento do foco da pessoa para o meio. Porém, essa reorientação de perspectiva é feita sem a palavra inclusão:

> A deficiência deixa de ser um atributo da pessoa e passa a ser o resultado da falta de acessibilidade que a sociedade e o Estado dão às características de cada um [...]. Ou seja, a LBI veio mostrar que a deficiência está no meio, não nas pessoas (p. 12 preâmbulo).

Essas considerações fazem parte do Glossário Inclusivo que acompanha a versão preparada para divulgação, por iniciativa da Relatoria da Câmara dos Deputados. No todo, a LBI reverbera as perspectivas da Convenção da ONU e assim, coincidentemente, as estratégias para definir e descrever direitos denominados inclusivos se valem de recursos descritivos voltados para a acessibilidade.

Ainda que o Glossário Inclusivo tenha prenunciado um entendimento a respeito da deficiência com base em uma representação de "meio", a definição de pessoa com deficiência da LBI, expressa em seu Artigo 2º, apenas replica os princípios da Convenção e descreve primeiramente a pessoa com seus impedimentos de longo prazo, para em seguida explicitar que a interação com barreiras pode inibir a participação em igualdade de condições.

A LBI menciona a palavra inclusão trinta e quatro vezes, mas sem conceituá-la, sem explicitar o sentido com o qual a palavra, que designa a própria lei, foi inserida. A estrutura argumentativa sustenta um modo de descrever acessibilidade como se o conteúdo de inclusão pudesse ser deduzido dessa descrição.

Acessibilidade, nos termos do Artigo 3º, diz respeito

> [...] ao alcance para utilização, com segurança e autonomia, de espaços, mobiliários, equipamentos urbanos, edificações, transportes, informação e comunicação, inclusive seus sistemas e tecnologias, bem como de outros serviços e instalações abertos ao público, de uso público ou privado de uso coletivo [...] por pessoa com deficiência ou com mobilidade reduzida.

O Título III da LBI é uma seção específica para acessibilidade e não há um título específico para inclusão. E na especificidade deste Título III, no Artigo 53, o legislador retoma a definição de acessibilidade, explicitando que se trata de um

> [...] direito que garante à pessoa com deficiência ou com mobilidade reduzida viver de forma independente e exercer seus direitos de cidadania e participação social.

Inclusão é palavra que organiza o Artigo 37, mas para definir aquilo que a LBI denomina "colocação competitiva", ou seja, a palavra é usada para mencionar a complexidade da inserção da pessoa com deficiência no mercado de trabalho.

Meu objetivo aqui não é o de resenhar uma lei cujo texto, aliás, é de fácil acesso, mas sim o de compartilhar a perplexidade com o fato de nossa Lei Brasileira de Inclusão, uma lei imprescindível e *per se* importantíssima, não considerar necessário explicitar (nem sequer nos preâmbulos e glossários iniciais) o que entende por inclusão.

O texto é generoso com os pormenores da "adaptação", com o delineamento de barreiras (urbanísticas, arquitetônicas, de transportes, comunicações, atitudinais, tecnológicas) e consolida espaço para as novas personagens da Educação Especial, mencionando o direito aos profissionais do apoio escolar (inciso XIII do Art. 3º), bem como, ao final, o direito às tecnologias assistivas (Art. 74) está presente.

O Capítulo IV é dedicado especificamente ao direito à educação, e seu Artigo 27, que reconhece a obrigação de assegurar o acesso a sistemas educacionais inclusivos, associa a fruição desse direito ao desenvolvimento de talentos e habilidades.

A presença da pessoa com deficiência nos chamados sistemas educacionais inclusivos, e a referência a garantir "igualdade de oportunidades" na projeção de talentos e habilidades, fazem do Artigo 28 a espinha dorsal daquilo que a LBI elabora como direito à educação.

Nos seus incisos (especialmente o III e o VII) são apresentados os argumentos que formalizam a exigência de projetos pedagógicos voltados à institucionalização do Atendimento Educacional Especializado, com serviços e adaptações, apropriados à elaboração de estudos de caso que efetivem, na particularidade do impedimento ou da limitação, o planejamento necessário ao plano de ação específico. Inclusão, no âmbito dos direitos educacionais, tem no AEE seu ponto de chegada.

Montado esse quebra-cabeças, o todo dá forma àquilo que o protocolo jurídico quer garantir? Ou seja, uma referência jurídica, conectada a uma Convenção internacional que não detalha, não esmiúça inclusão, tomando-a como subentendida nas detalhadas descrições da acessibilidade, é corretamente designada Lei Brasileira "de inclusão"?

Possivelmente, os muitos autores dessa plataforma de direitos, interlocutores de muitas pessoas, associações, coletivos, movimentos sociais, entendem que um delineamento de inclusão foi apresentado sim na sequência das definições de acessibilidade, com a menção ao "desenho universal", no Artigo 3º, por exemplo.

Se desenho universal subentende inclusão a ponto de prescindir de qualquer detalhamento mais denso no uso e apropriação da palavra, é necessário pelo menos reconhecer expressiva assimetria entre o espaço utilizado para detalhar acessibilidade em relação ao espaço utilizado para o detalhamento de inclusão.

Desenho universal é uma categoria que merece atenção, muita atenção. Não é um recurso descritivo que subsome inclusão. Ao contrário, desenho universal é uma tentativa de orquestrar inclusão sem confundi-la com acessibilidade. Trata-se de uma questão, inclusive, muito cara à perspectiva que a Educação Inclusiva apresenta à escola e suas personagens.

Tudo isso convida a refletir sobre o chão da escola como instância em que essas palavras adquirem vida própria.

O chão da escola

Não é possível abordar o tema Educação Inclusiva sem dedicar atenção aos processos de escolarização. Insisto que acesso/acessibilidade não se confunde(m) com inclusão, é porque esta é uma dimensão interna da vida escolar. Educação Inclusiva é o que deve ocorrer após a conquista do acesso e já contando com os dispositivos de acessibilidade a que se tem direito. Por isso, as questões mais densas e tensas relacionadas à inclusão se configuram dentro, *interna corporis*. Como apreendê-las?

As demandas de pesquisa têm exigido contínua permanência em escolas de Educação Básica, com pesquisas que abrangem a presença de crianças com deficiência ou cronicamente enfermas, mas que inúmeras vezes me aproximam também de personagens do ensino médio e da Educação de Jovens e Adultos, a EJA.

São muitos anos, com muitas horas de pesquisa de campo que permitem afirmar que a palavra inclusão tem sido permanentemente usada, mas usada com modos e sentidos cuja "tradução" só se torna plenamente compreensível, interpretável, se apreendida no momento de recorrência, ou seja, quando é (seguidamente) buscada para reagir à presença da pessoa com deficiência num lugar frequentemente tomado *a priori* como, no mínimo, improvável para ela. Raramente a palavra inclusão é usada para abordar questões relacionadas à migração estrangeira ou para analisar questões alusivas às diversas assimetrias sociais.

Com essa associação intensa entre deficiência e inclusão, é como "permanentemente outro" que a pessoa com deficiência muitas vezes se vê e é vista na escola. Predominantemente, as reações à sua presença descrevem o que essa pessoa (não) é e o que (não) consegue. Simultaneamente, essas reações têm se tornado manifestações diárias daquilo que cada um percebe como (im)possível de ser feito.

Os cadernos de campo têm registros importantes a respeito desse processo que diariamente refaz o bordado das práticas em que estão presentes crianças com deficiência. Tem sido possível acompanhar ações docentes com expressiva densidade inclusiva, ações essas que conjugam "saberes inclusivos" (Freitas, 2021) com estratégias que deslocam, com propriedade, o foco que incide sobre a deficiência para o cenário em que todos interagem. Mas os cadernos de campo também registraram, algumas vezes com abundância, a Educação Inclusiva esvaziada e inviabilizada já a partir do entendimento compartilhado a respeito dos seus propósitos.

Repito: a palavra inclusão é continuamente buscada, referida, usada para expressar expectativas relacionadas a acesso e acessibilidade. Na maior parte das vezes, é tomada como subentendida àquilo que se quer expressar com direito a acesso e serviços de acessibilidade. "Serve" para identificar a presença de pessoas com deficiência, mas essa identificação tem sido reduzida à produção contínua de inventários da insuficiência (pessoal, docente, institucional, didática, pedagógica, jurídica...).

Chão da escola é uma expressão utilizada intensamente por Paulo Freire e, no caso deste imprescindível autor, refere-se ao seu interesse pela concretude do ato educacional, indissociável das condições concretas em que docentes e discentes se encontram. Permeia quase toda sua obra e incontáveis pronunciamentos públicos a respeito.

Aqui, chão da escola é uma categoria que diz respeito à contribuição da Antropologia para a Educação e que se formou, ou que permanece em constante formação, na trilha aberta por analistas que aproximaram a lupa em relação ao cotidiano escolar e reconheceram que é na pequena escala, na retícula, no tecido tramado e emaranhado que inúmeros aspectos ganham sentido, e que sem essa aproximação permanece inapreensível aquilo que, de perto, se mostra com intensidade.

Entre tantas genealogias possíveis, que remetem à expressiva quantidade de autores que têm a escola como objeto de estudo em perspectiva antropológica, o que caracteriza a trilha intelectual que conduz à noção de chão da escola que assumo aqui é o esforço analítico que a aproximação exigiu de determinados pesquisadores para que compreendessem as experiências que plasmavam a diferença e o diferente num universo institucional em que a homogeneização é um princípio estruturante.

Tomo como inspiração inicial as etnografias escolares realizadas nas décadas de 1950 e 1960 nos âmbitos do Centro Brasileiro de Pesquisas Educacionais (CBPE) e do Centro Regional de Pesquisas Educacionais de São Paulo (CRPE-SP). Neste, Antonio Candido deu início a um conjunto de análises que possibilitou publicar o seminal artigo "A estrutura da escola" (Candido, 1956).

A escola foi abordada como complexo objeto de estudo, que exigia dos pesquisadores dispostos a desvelar essa complexidade adentrar seus domínios, mas não somente adentrar, fundamentalmente era necessário permanecer, conhecer de perto, desde dentro, reconhecendo aquilo que Antonio Candido denominou de "estrutura da escola".

Na análise de Candido, a palavra estrutura foi utilizada luminosamente para evitar reducionismos que pudessem supor que o complexo dinamismo da escola já estivesse determinado na estrutura da sociedade, sem espaços para que nesse território se pudesse reconhecer algo absolutamente singular.

O então sociólogo/antropólogo, que poucos anos depois se tornaria referência na crítica literária brasileira, interessou-se por algo que não se explicava com o conjunto normativo que define e institui a escola. Considerou a importância de compreender interações, agrupamentos, conexões e, em suas palavras, o "sistema simbólico" de cada uma (Candido, 1956, p. 53).

Se a memória do legado crítico da antropologia educacional praticada no Brasil nas décadas de 1950 e 1960, antes do golpe civil-militar que tomou o Estado em 1964, suscitou e suscita interesse pelo chão da escola, a partir das décadas de 1980 e 1990, ou seja, na dinâmica de reconstrução do Estado de Direito, a publicação de algumas etnografias confirmou a fecundidade dessa perspectiva. As etnografias escolares permaneceram imprescindíveis para alguns campos de pesquisa, de modo muito especial para o universo de investigações que se configurou no início do século XXI ao redor da polissêmica expressão Educação Inclusiva.

Elsie Rockwell (2018) protagonizou incursões investigativas, etnografias densas, algumas realizadas com Justa Ezpeleta (2007), que permitiram reconhecer o chão da escola como realidade muitas vezes "indocumentada".

Trata-se de um cenário com cenas sem *script*, cujo desenrolar das ações, interações, produções de nexos e de emaranhados muitas vezes não se processa unicamente na lógica causa/efeito. Resta sempre indocumentada uma dimensão do cotidiano que se reinventa e se mostra na singularidade de certas práticas, com o conteúdo do ordinário (Certeau, 2000).

Essa é uma trilha que se percorre lembrando a força das etnografias de Veena Das, que maneja outros objetos de investigação, mas para a pesquisa no âmbito da Educação Inclusiva possibilita pensar o chão da escola como instância que proporciona a "descida ao ordinário", uma de suas imagens mais fortes (Das, 2018).

Com essa perspectiva, torna-se possível perceber e recolher exemplos da ligação das personagens escolares com aquilo que Florence Weber denominou "grupos sociais de interconhecimento" (Weber, 2009, p. 187). São pesquisas que confirmam que cada criança é também um ponto de conexão da escola com adultos, e entre adultos que por sua vez se interconectam porque levam essas crianças para o mesmo lugar. Todas as personagens dessa trama cotidiana entremeiam as estratégias possíveis para que se repita com regularidade o deslocamento implicado nos trajetos casa-escola-casa, o que interconecta "entregadores" e "buscadores" de crianças.

Isso se dá porque cada aluno não é somente uma base individual aprendente, mas é também ponto de referência para grupos que se constituem por dentro de ações contínuas, e tudo o que diz respeito à escola é permeado por representações da continuidade. Para responder às demandas dessa continuidade, inúmeras pessoas são identificadas e identificáveis com práticas que diariamente, juntos, levam a efeito.

O chão da escola, dimensão interna dessa complexa instituição, é também inseparável dos fluxos de pessoas e das conexões do entorno. E essa inseparabilidade em relação a esse (in)tenso ir-e-vir não se resume ao binarismo dentro-fora, para o qual é bastante afirmar que a dimensão interna é condicionada pela externa. O chão da escola é mais que isso, uma vez que se configura como reserva única de acontecimentos únicos, sem que isso desate os nós que se apertam com os fios do entorno e dos fluxos interpessoais.

Se cada escola apresenta maior ou menor porosidade (Secchi; Viganò, 2012) em relação ao entrar, sair, afluir, levar, deixar, buscar que caracteriza o relacionamento de cada uma com o entorno e com fluxos que conectam o interior das casas ao seu chão mosaico, é no âmbito dessa permeabilidade desafiadora que as questões próprias à Educação Inclusiva desvelam as "teias de convivência" que o dia a dia das pessoas com deficiência ou cronicamente enfermas tecem.

Teias de convivência

As "teias de convivência" estão relacionadas à potente advertência que McDermott e Varenne (1996, p. 123) fizeram, alinhados com Georg H. Mead: "ninguém pode ser deficiente sozinho".

Aparentemente, essa frase sugere uma declaração de impotência que descreve a pessoa com deficiência tão somente como aquela que está permanentemente demandando supervisão, atendimento e cuidado. Mas os autores, absolutamente, não subscrevem esse entendimento.

Para abordar *cultura, desenvolvimento e deficiência* tal como fazem, a perspectiva analítica que elaboram revela atenta leitura não somente da luminosa obra de Georg H. Mead, mas também a percepção de que autores como Gregory Bateson, Erving Goffman, Lev Vigotsky demonstraram, cada qual a seu modo e em seu próprio contexto, que a pessoa não é simplesmente uma unidade orgânica centrada em si vivendo ao lado de outras unidades orgânicas igualmente centradas em si mesmas. Não é possível compreender a cada um sem abordar a pessoa com o outro, como outro de todos os outros, sem reconhecer que aquilo que a caracteriza, não a caracteriza em si, mas sim "em relação a..." (Mead, 1932, p. 168).

Trata-se de uma metáfora cuja utilização traz à lembrança o que Donald Winnicott (2020) quis destacar quando afirmou que um bebê, na realidade, não existe em si, pois somente pode estar e continuar ao lado de, levado por, diante de, em meio a, e assim por diante, de modo que descrevê-lo sem os/as demais seria equivalente a descrever sua impossibilidade de ser e estar. Um bebê só é/está "com".

Isso não interdita reflexão e análise sobre como cada um está presente e como se autorregula em relação sistêmica com o todo. Como se configura seu (especificamente seu) perceber, sentir, introjetar, exteriorizar. Mas nada disso é expressão de uma essência pré-elaborada, anterior à experiência, à existência, mas sim configurada na experiência e com a existência. Desse modo, se é possível e necessário perguntar a cada um sobre si com base no que de único se manifesta, essa noção de "único" é, em si, uma impossibilidade, sendo necessário voltar a perguntar: o que nele se singulariza em relação a?

Por isso, a advertência que McDermott e Varenne (1996) apresentaram com base em Georg Mead, de que "ninguém pode ser deficiente sozinho", diz respeito a todos os emaranhamentos nos quais as pessoas estão com (...) e "se tornam" (Hall, 1997b), "se fazem" (Hall, 1997a), "se personificam" (Goffman, 2012), "performam" (Butler, 2018), e mesmo quando indagadas em suas particularidades, a própria noção de particularidade é reconhecida como culturalmente configurada.

Assim, a advertência de que "ninguém pode ser deficiente sozinho" serve de base para que a metáfora das teias de convivência sinalize um aspecto estrutural da experiência humana, *as interdependências* (que serão abordadas mais detidamente adiante, no comentário que farei sobre o uso da palavra "autonomia").

Claro que é possível sim, e às vezes necessário, imprescindível, reconhecer a insuficiência específica daquele (...), a incapacidade para (...), a deficiência em relação a (...), em síntese, a impossibilidade de (...). E em cada uma dessas situações se expressa uma rede mais ou menos complexa de interdependências que traduz a seu modo intersecções com inúmeras assimetrias sociais (Freitas; Santos, 2021). Apreender intersecções não faz do registro da singularidade algo prescindível.

Aquilo que Eva F. Kittay (2011) denominou *interpersonal entanglements* diz respeito à situação daqueles que efetivamente nunca realizarão determinadas tarefas tal como os demais. Antes de tudo, diz respeito à impossibilidade de compreender o enredo daquela existência sem considerar que a experiência em si é vivida o tempo todo no plural, com apertados nós interpessoais e, ao mesmo tempo, em confronto direto com o vazio inclusivo de muitas estruturas de socialização, participação e aferição de desempenho.

No chão da escola é possível perceber que, na trama cotidiana de muitas crianças, as especificidades de seus corpos as conecta ao convívio contínuo com personagens dos cenários de reabilitação, de acompanhamento, de tratamento contínuo. É possível também perceber as conexões que se consolidam no âmbito familiar em resposta às interdependências específicas suscitadas com a deficiência ou com o adoecimento crônico.

Mira Bluebond-Langner (1980, 2000), pioneira na realização de etnografias em hospitais e espaços reservados para crianças crônica ou gravemente enfermas, abordando inclusive o complexo e sombrio tema da morte iminente, demonstrou com riqueza de detalhes como o trabalho de campo evidencia que a doença não se dá à compreensão somente com seus parâmetros biomédicos, mas que também corresponde a um "fazer junto" intraduzível sem apreender o agir de "irmãozinhos, pais, mães, avós" (Bluebond-Langner, 2000, p. 15-122), personagens que se "atam" às interdependências que cada situação suscita e se fazem, inúmeras vezes, extensão do corpo, extensão da voz, extensão da presença, inclusive junto à escola.

Do chão da escola se percebe que a referência às diversidades, quando alusivas às particularidades dos corpos/intelectos, são também referências diretas e indiretas às teias de convivência tramadas, emaranhadas em cada contexto. E nos grupos sociais de interconhecimento mencionados anteriormente, com base nos escritos de Florence Weber (2009), o chão da escola muitas vezes permite reconhecer que as teias de convivência conectam narrativas (teias com teias) que amalgamam imagens e memórias dos modos de fazer, dos modos de resolver, dos modos de sofrer, dos modos de superação, dos modos de inventar o cotidiano, como sugere Michel de Certeau (2000).

O que estou mencionando são peças de um quebra-cabeça em processo de montagem. Após contínuos e cumulativos esforços nacionais e internacionais para acrescentar às práticas, aos espaços e aos tempos escolares a perspectiva da Educação Inclusiva, também se faz necessário ampliar o foco para trazer à crítica outras palavras e outras referências estratégicas com as quais tem se processado, cotidianamente, a naturalização de um sentido para a inclusão que, ao termo, esvazia sua razão de ser.

Quais palavras? Quais estratégias? E por que o chão da escola é o ponto de referência imprescindível para responder a essas questões?

Porosidades e fluxos

Inclusão é, antes de tudo, o vetor que orienta e concatena ações do todo para a parte. Não é um processo que incide diretamente sobre a insuficiência de cada um em relação a cada tarefa, mas sobre a tarefa e seus pressupostos e condicionantes.

Diz respeito a (re)pensar processos, modos de fazer, cenários, fazendo com que os esforços para garantir o acesso e os recursos de acessibilidade não se restrinjam a demandar adaptações individuais às pessoas. Essas são necessárias e imprescindíveis em muitas situações, mas inclusão não diz respeito ao instrumentista e seu instrumento, diz respeito à orquestra. Não é referência à (des)afinação do clarinete, mas à partitura.

No solo fértil da arquitetura, que também enseja a presença de densos debatedores de questões alusivas às pessoas com deficiência, especialmente no universo dos *disability studies*, Bernardo Secchi e Paola Viganò (2012), urbanistas, apresentaram projetos para reconfiguração de grandes cidades que nos proporcionam exemplos de modos de pensar o todo em relação às partes que parecem feitos sob medida para debater Educação Inclusiva. Viganò (2015) argumenta a importância de se retomar a utopia da coexistência, e reconhece que isso demanda profunda mudança de perspectiva.

A cidade, um território complexo, não deve permanecer trancada em suas fragmentações, e esse "destrancamento" exige reconhecer que sua morfologia proporciona interação entre humanos e também faz com que outros "sujeitos" (como o solo, a água, a vegetação) componham interativamente o todo.

A palavra-chave é "porosidade" (Secchi; Viganò, 2012), com a qual a mobilidade é pensada modificando fluxos e não somente modos individuais de andar. Desponta a possibilidade de romper com lógicas segregadoras que ensejam grandes desigualdades no âmago da mesma cidade e torna-se possível pensar o tecido urbano como laboratório permanente de processos voltados ao coexistir, sem separar todos os sujeitos (humanos e não humanos) para preservar "nichos de excelência".

Na escola, os sujeitos da inclusão são, evidentemente, as pessoas, mas também os espaços e os tempos. Inclusão tem sido esvaziada em seus propósitos com a incidência quase que exclusiva sobre pessoas e, mais especificamente, sobre as pessoas com deficiência. Se a cidade pensada por Secchi e Viganò (2012) é um laboratório permanente de processos, a escola, por analogia, pode ser pensada como laboratório permanente de inclusão. Essa comparação pode ser complementada com outro exemplo relacionado ao cotidiano das grandes cidades, tomando por referência a imensamente complexa questão da mobilidade humana entre os bairros.

Esse outro exemplo diz respeito especificamente à cidade de São Paulo e seu mundialmente reconhecido trânsito caótico, ainda que outras cidades do mundo possam também oferecer exemplos similares de vida subordinada à exuberante irracionalidade do predomínio do transporte individual sobre o coletivo. Diz respeito a uma questão que ajuda a compreender a diferença entre acesso e inclusão.

Em julho de 2015, a prefeitura da cidade de São Paulo reduziu as velocidades máximas permitidas em suas vias marginais, vias extensas que usualmente apresentam grandes congestionamentos.

Tomando por critério ampliar a velocidade média do deslocamento de cada um, optou-se por interferir no ritmo do deslocamento de todos, proporcionando uma diminuição considerável no número de acidentes e atropelamentos, e também nos casos de interrupção e bloqueio de faixas de rolamento.

Com a reconfiguração do ritmo de transcurso, ou seja, incidindo sobre o todo, cada parte logrou deslocar-se mais rapidamente e com maior segurança. Em relação a cada veículo, naquele contexto nenhum acréscimo de potência ou incremento de rendimento unitário resultaria ganho de velocidade.

Possivelmente, se escolhêssemos aleatoriamente exemplares naquele mar de carros, talvez constatássemos que muitos receberam nos anos seguintes acréscimos de potência e recursos tecnológicos para um deslocamento mais rápido, com ganhos de aceleração. Mas a experiência vivida demonstrou que a qualidade no deslocamento não dependia de desempenhos isolados.

Efetivamente, o que proporcionou a cada um deslocar-se mais rapidamente foi, objetivamente, a interferência no ritmo geral de deslocamento. Em outras palavras, quando todos andaram mais vagarosamente, cada um pôde chegar ao destino um pouco mais rapidamente.

Inclusão diz respeito ao complexo, mas inescapável, desafio de redimensionar modos de fazer com todos. Assim, mais do que abordar a escola na cidade é fundamental abordar a escola *com* a cidade. Inclusão é palavra-chave para que a educação escolar seja repensada e inserida no conjunto dos grandes desafios que a humanidade enfrenta, comparável às demandas de ordem ambiental com suas urgências.

Essas demandas exigem enfrentamento concreto e efetivo, o que torna imprescindível modificar processos, modos de fazer e, em relação a aspectos mais alarmantes (tal como se debate o aquecimento global, por exemplo), reconhecer também no âmbito educacional que reivindicar Educação Inclusiva significa acolher a intenção de modificar estruturas, não adaptar/incrementar pessoas.

Esse enfrentamento concreto e efetivo não pode ser levado a efeito sem atenção às palavras que, no cotidiano escolar, no chão da escola, naturalizam a vinculação dos propósitos escolares à preparação (permanente, crescente) do *Homo oeconomicus*. Esse homem econômico é expressão de um mundo em que a educação inclusiva "atrapalha" (Freitas, 2018).

A inclusão e seus antípodas

A importância atribuída ao chão da escola para reconhecer o que é (ou que tem sido) Educação Inclusiva no cotidiano exige cuidado argumentativo para evitar, na continuidade, uma contradição. Ou seja, com base no que foi afirmado, seria contraditório aceitar que a escola simplesmente "sofre os efeitos" da construção ideológica da realidade (Thompson, 2015), tornando-se "reflexo" das suas estruturas.

Se a escola for considerada um reflexo da estrutura econômica, não há por que reivindicar uma perspectiva apreensível somente a partir do seu chão. Já estaria dada, sabida, presumida e presumível na própria descrição do que se quisesse expor com a categoria estrutura.

Mas se também é necessário reconhecer que estruturas são recursos descritivos e analíticos importantes para expressar diferentes modos de viver, é importante lembrar que a escola é a forma social que a educação adquiriu para se multiplicar (Freitas, 2009) e que, assim, espaço/tempo escolar são *per se* estruturas estruturantes, para parafrasear Pierre Bourdieu (1996).

Assim como Jens Qvortrup (2011) indicou que infância como tempo social é uma das estruturas da sociedade, aliás, de todas as sociedades como ele prefere, o tempo escolar é também síntese cultural dos trabalhos que se sincronizam para que ocorram no mesmo local, com o mesmo ponto de partida em direção ao mesmo ponto de chegada, com o mesmo conteúdo, sob os mesmos critérios de avaliação e apresentados com os mesmos fins (Freitas, 2009).

Essa descrição da escola como forma social da educação já é um reconhecimento de que ela se construiu construindo o mundo que a tem por referência e, simultaneamente, tornou-se expressão de nosso modo de viver em vários aspectos. Por isso, chão da escola não é uma categoria para expressar isolamento ou independência em relação aos poderes e contrapoderes que ganham/perdem hegemonia em contextos específicos. Chão da escola é uma categoria que também permite reconhecer a escola recebendo pressões e mutilações de toda ordem, advindas das expectativas para que seu trabalhar formule o homem considerado necessário para racionalizar aquilo que é disputado na definição do indispensável para que o tecido social não esgarce.

Chão da escola é uma categoria compatível com o reconhecimento de que essas disputas são recebidas e ao mesmo tempo em que impactam são impactadas pela perspectiva própria, pela reelaboração permanente que perpassa tudo o que é encaminhado para que a escola execute.

Essas disputas têm, conforme a especificidade de cada situação, conforme a recepção, maior ou menor incidência construtiva ou destrutiva. Participam do empoderamento ou do esvaziamento da arte laboral implicada no trabalho escolar. Enquadram e os enquadramentos são potencialmente restritivos. Mas as cenas de cada cenário preservam algo de intraduzível sem a aproximação. Resta sempre necessário investigar como a escola responde a cada pressão.

No específico de cada situação, torna-se possível pesquisar cada novo repertório que busca, demanda, um refazer do sentido social da escolarização. Como essas demandas incidem sobre os aspectos (im)previsíveis do trabalho escolar, é uma questão sempre aberta.

Percebe-se, nos últimos anos, professores tentando lidar com argumentos concorrenciais, gerenciais, produtivistas. Se esse lidar conserva sempre algo de próprio e até de resistência e interdito, conserva também exemplos sobre "como" a escola tem sido enredada, tem se enredado e tem elaborado, em seu dia a dia, uma substância própria para a Educação Inclusiva que pode ser, em dadas circunstâncias, expressão inequívoca da força política desses argumentos ou expressão surpreendente de rejeição a seus pressupostos.

É importante destacar uma lógica argumentativa que ostensivamente tem apresentado à escola uma dinâmica de esvaziamento de práticas inclusivas, naturalizando uma ordem concorrencial, meritocrática e empreendedora. Do que se trata?

Dois exemplos podem demonstrar como convivemos com processos que permanentemente propõem "trocar de lógica" para obter resultados mais expressivos. Produzidos à distância da escola, têm no modo de pensar sua finalidade um alvo permanente.

Christian Laval (2020) produziu importante ensaio, verdadeiro exemplar de exegese consistente, sobre como Michel Foucault e Pierre Bourdieu analisaram, desvelaram e criticaram o neoliberalismo, ou, já reconhecendo os frutos dessa análise vigorosa, "os neoliberalismos".

A importância dessa obra para a argumentação apresentada neste livro diz respeito ao modo como dois autores centrais na história intelectual europeia do século XX produziram argumentos imprescindíveis para que possamos compreender como formulamos, naturalizamos e abrimos espaço aos reducionismos que ensejam pensar a vida em comum como educação permanente do *Homo oeconomicus*, antípoda da pessoa formada no âmbito da Educação Inclusiva.

Laval (2020, p. 28) se dá conta de que Foucault proporcionou reconhecer o triunfo destrutivo de uma lógica que transforma as subjetividades visando "[...] governar pelo management [...], pelos scores, pelos algoritmos". Isso diz respeito à formação do sujeito moderno enquanto "homem econômico" (p. 40).

Longe de ser um corpo doutrinário único e fundado numa única escola de pensamento, o neoliberalismo acrescentou palavras-

-chave ao seu repertório à medida que se articulou em bases territoriais distintas. Como, por exemplo, nos autores norte-americanos que reduziram a existência aos cálculos de rentabilidade, e que projetam a educação como entidade ajustada se, e somente se, defender o empreendedorismo. Para isso é necessário pensar cada um com base no seu capital de competências (p. 68).

Mas o que mais chama a atenção nessa análise potente é o modo como em ambos os autores, Bourdieu e Foucault, foi possível reconhecer que perceberam uma apropriação destrutiva da palavra diferença, palavra fundamental à razão de ser da Educação Inclusiva.

Por exemplo, foi estragando, deturpando o "direito à diferença" que o governo de Valéry Giscard d'Estaing (1974-1981) fortaleceu ações que reiteravam a lógica de dar a cada um conforme seu capital de merecimento para que, como empreendedor de si, obtivesse um patrimônio que pudesse expressar uma linha para a realização: habilitar-se, competir, conseguir, obter. Cada uma dessas projeções, expressas com mensurações consideradas suficientes para indicar acertos e erros, expandia a crítica à noção de política pública, algo que se faz para e com populações, propondo uma inversão para focar a ação governamental na lógica de dar oportunidades para cada um realizar o seu melhor e obter, como "resultado" de suas habilidades e competências, os ganhos decorrentes daquilo que "diferencia" cada um em relação aos demais.

Laval percebe que Bourdieu adensa sua argumentação a respeito desse tema rejeitando qualquer economicismo, indicando como a antropologia imaginária do *Homo oeconomicus* permeia visões de mundo de liberais e marxistas e se apresenta para realizar a "natureza humana" (Laval, 2020, p. 157):

> A originalidade da abordagem de Bourdieu é ter transposto, no estudo da dominação simbólica que se exerce nas sociedades desenvolvidas, a análise da 'economia simbólica' que ele teria, primeiramente, elaborado em seus primeiros trabalhos etnográficos sobre a

Cabília. A dominação de classe que se assenta sobre a distribuição desigual de bens materiais não poderia se exercer sem a execução contínua de uma 'violência simbólica', encerrando as práticas e os espíritos em categorias preestabelecidas que justificam o mundo tal como ele é sempre será (Laval, 2021, p. 178).

Bourdieu emancipa-se em relação aos fundamentos marxistas ao reconhecer que a principal forma de dominação é simbólica, não econômica. Por isso, tal como Foucault, percebeu não ser trivial a mudança no enfoque governamental deixando de se referir aos direitos concernentes à moradia e consequentemente à política habitacional, para se referir à geração de oportunidades para que cada um pudesse realizar o "sonho" de aquisição patrimonial.

Em relação aos neoliberalismos, Pierre Bourdieu contrapõe duas antropologias: a do homem social e simbólico *contra* a do homem econômico. E apresenta como "[...] ponto de honra científico 'desnaturalizar' as crenças sociais em uma natureza do homem e 'desuniversalizar' a fé no universal" (Laval, 2020, p. 213). O autor quer saber das lógicas do comum, do em comum.

Essa referência é necessária não exatamente para produzir convencimentos de que os problemas relacionados à Educação Inclusiva dependem da recepção das obras de Foucault e Bourdieu. Outros autores são necessários e, por vezes, mais próximos do imprescindível para analisar a presença de pessoas com deficiência nos territórios da educação escolar.

Porém, a elaboração progressiva do homem econômico é, antes de tudo, a afirmação de uma poderosa *pedagogia da essência*, ou seja, um conjunto complexo de naturalizações de "superioridades e inferioridades" individuais que colonizam simbolicamente o cotidiano. Cada um é chamado a identificar na "própria essência" os pontos de conexão entre "o que tem de melhor" e "o que é mais produtivo e recompensador".

Pedagogicamente, diz respeito a uma noção de "organizar-se" que se processa com base no desvendamento das próprias faculdades competitivas, e de uma acepção de "educar-se" que corresponde a buscar, sempre, alto rendimento, alta performance. Qual escola pode ser inclusiva com base em tais pressupostos?

Isso tem sido imposto e obedecido. Isso tem sido rejeitado e expelido. Isso tem sido argumentado por conta própria. Isso tem sido combatido e, simultaneamente, defendido com fervor. O chão da escola só se conhece pisando.

Muitas vezes, a referência à Educação Inclusiva, ou a escolha de palavras para projetar expectativas a respeito da escolarização de crianças identificadas como público-alvo da Educação Especial, associa o cotidiano escolar àquilo que Byung Chul Han (2017) denominou "paisagem patológica" do tempo em que vivemos, uma desconcertante reflexão a respeito do modo como nos deixamos permear por uma destrutiva apropriação da palavra esforço (cf. Freitas, 2019).

O filósofo coreano/alemão destaca os efeitos da ênfase neuronal que acomete os argumentos mais festejados deste tempo ensandecido e que tem produzido o que o autor denomina "excesso de positividade", que é a redução de toda dificuldade à lógica contida na racionalização do esforço. Com esforço tudo seria superável, e nas gradações das dificuldades teríamos um roteiro aplicável: foco, planejamento, busca do resultado, esforço, muito esforço, mérito, conquista.

Ainda que direcionado genericamente a todo ato de educar, no chão da escola percebe-se que esse "excesso de positividade" incide sobre cada um individualmente e, crescentemente, observa-se com facilidade e recorrência a comparação entre pessoas tomando como unidade de medida o esforço empreendido para conseguir.

O que está em questão não é simplesmente o aproveitamento excessivo da palavra esforço para descrever situações as mais diversas. O cerne da questão está na conformação de nosso modo de viver como expressão de uma "sociedade do desempenho", aquela que amalgama destrutivamente as representações da meritocracia com as do "rendimento produtivo" para espalhar compulsivamente mensagens de desqualificação daquele que não se (re)ajusta para render mais. Difícil pensar interdito mais expressivo à Educação Inclusiva.

Há um transfundo nessa experiência social que mostra a cada estudante a importância de tornar-se um eficiente vendedor de si, e isso se projeta, pretensamente, com habilidades que se transformaram em competências. Por isso, Freitas (2019b, p. 31) destacou que a sociedade do cansaço descrita por Chul Han, em termos escolares, apropria-se crescentemente de dimensões biológicas do aprimoramento, exaltando inclusive uma "neuro-enhancement" sempre disponível para quem busca superar a si mesmo.

Pierre Bourdieu percebeu a violência neoliberal na mudança no modo de pensar a questão habitacional francesa, tal como foi exposta na nova *civilité* de Giscard D'Estaing. Com a troca de algumas palavras, esvaziavam-se esforços relacionados à política de moradia para a população. Tratava-se de respaldar o direito individual de cada um progredir e garantir seu patrimônio familiar. Naturalizava-se uma violência implícita à ideia de empreender para adquirir, porque este se tornava dependente da "vontade" de realizar aquele.

Byung Chul Han, por sua vez, percebeu a violência contida numa ética da consumação, ou seja, num convencimento generalizado de que, para consumir, é necessário esforçar-se a ponto de consumar (no esforço em si, que deixa de ser meio para tornar-se fim) a vida que deve reduzir-se ao empreender. Não há espaço, de fato, para as fragilidades e vulnerabilidades se os trabalhos educacionais dependem quase que exclusivamente da motivação. Como tudo que toma por base esse reducionismo, trata-se de buscar máxima eficiência. Essa busca adquire contorno singular quando acompanhada do emaranhamento próprio das práticas escolares. O que a Educação Inclusiva tem acrescentado a essas práticas?

Deficiências, diferenças, diversidades

A perspectiva da Educação Inclusiva acrescentou à Educação Especial duas dimensões de trabalho educativo irrenunciáveis.

A primeira dimensão diz respeito àquilo que dá à Educação Inclusiva sua razão de ser, que é expressar os desafios da convivência no âmbito "da mesma escola". Na mesma escola articulam-se modos de reorganizar o trabalho com todos, os modos de fazer com todos, para que intervenções pedagógicas nos espaços, nos fluxos, nos tempos e nas dinâmicas desloquem a ênfase do "defeito de fabricação" que supostamente alguns apresentam para o "efeito de articulação" que o fazer conjunto pode proporcionar.

Articular é uma experiência inseparável da convivência e ocorre, portanto, quando o acesso já se efetivou. Se acesso significa conseguir entrar, inclusão significa conseguir ficar.

A segunda dimensão acrescentada pela Educação Inclusiva à Educação Especial diz respeito às intersecções (Freitas; Santos 2021) com as quais se recompõe a inteireza daquele corpo anteriormente abordado de modo fragmentado, com base no registro de sua particularidade orgânica, anatômica, cognitiva, sensorial. Intersecção é categoria necessária para que esse corpo (que não é o par binário de sua própria mente) não seja reduzido às dimensões de um prontuário clínico. A Educação Inclusiva nessa segunda dimensão é necessária para apreender cada um na complexidade de sua trama, em que perspectivas de gêneros, raça, etnia, classe se emaranham.

Nas duas dimensões mencionadas, a particularidade de cada um não desaparece, tampouco é suposta irrelevante ou secundária. E é no modo de lidar com a particularidade orgânica, com a deficiência mesma, com os impedimentos expressos pela própria pessoa ou por sua família, que despontam aspectos relevantes para a análise do cotidiano. É fundamental prestar atenção nos modos como professores explicam o que fazem e como explicitam o porquê de cada ação.

Os modos de se referir à Educação Inclusiva devem ser analisados, pois, ao final, terminam sendo parte do seu conteúdo construído. Muitas vezes, isso diz respeito às situações em que se percebe um modo de se referir às chamadas impossibilidades e vulnerabilidades de alguns, com argumentos que podem ser reconhecidos como "capacitismo" (Mello, 2016).

Essa referência é necessária, pois "capacitismo" é o modo como se expressa, com palavras e atitudes, uma "natural" hierarquização entre pessoas conforme "um" modelo de capacidade funcional. A pessoa com deficiência é percebida como se fosse um todo incapaz, em razão de uma impossibilidade específica.

Quando se critica o "capacitismo", não se pretende recusar a incapacidade biológica em si mesma (o não conseguir escutar, o não conseguir andar etc.), conforme destaca Anahi Mello (2016). Trata-se de perceber como é considerado natural e definitivo o conjunto de tarefas relacionado "aos que conseguem". Dessa naturalização decorre a inferiorização de pessoas com deficiência com base na preeminência de um fator, o de que essa pessoa e sua existência devem ser explicadas com base no que não se consegue. Assim, abordá-la "eficientemente" muitas vezes significa encontrar um modo de compreender "a fundo" o que caracteriza sua(s) impossibilidade(s).

O cotidiano escolar muitas vezes revela expressiva disponibilidade para explicar o que falta em determinadas crianças. Esse permanente *checklist* de capacidades mantém em estado de efervescência uma disputa relacionada à apropriação e ao uso das palavras diversidade, adaptação e autonomia. São palavras fundamentais para desvelar o cotidiano dos processos de escolarização de crianças e jovens com deficiência.

Vale a pena, nesse sentido, recuperar um argumento precioso apresentado por Ginsburg e Rapp (2010, 2013), com o qual me alinho, especialmente porque esse argumento foi expresso na oportunidade em que as autoras foram indagadas a respeito de um debate que diz respeito à história da antropologia, que é o debate sobre o que é natural e o que é culturalmente configurado.

Lembrando que a "[...] maior contribuição do trabalho antropológico tem sido desafiar qualquer teoria do humano que se apresente como unitária" (Fuentes, 2010, p. 512), as autoras intervieram no debate reivindicando um lugar de destaque para as deficiências na própria enunciação das diversidades. Ambas as pesquisadoras produziram muitos escritos com os quais afirmaram que a categoria deficiência tem tal presença na vida humana que essa "forma de ser diferente" tornou-se (é) "um aspecto universal do humano", uma universalidade que se "[..] singulariza nas múltiplas configurações culturais e econômicas" (Ginsburg; Rapp, 2013, p. 43-46). Algo que a multiculturalidade da vida social expressa quando permite entrever o que toda configuração cultural tem em comum. Variam as experiências concretas de "deficientização" das pessoas em situações que impedem aquilo que, em cada contexto, seria uma participação completa de todos com todos (Ginsburg; Rapp, 2013, p. 42). Mas não há realidade que historicamente possa proclamar-se como isenta da produção de deficientizações.

Com isso, as autoras não querem afirmar que as deficiências são irreais porque produzidas socialmente. Ao contrário disso, preferem reconhecer na singularidade de cada situação o que é a experiência de viver, efetivamente, como aquele que "não consegue".

Tanto é assim que produziram escritos luminosos e politicamente muito potentes reconhecendo a importância de aceitar-se como pessoa com deficiência, o que diz respeito à pessoa e também às famílias. Ou seja, estão indicando que com a palavra diversidade não devemos reduzir a complexidade de um aspecto que diz respeito à humanidade (e não ao déficit de humanidade que alguns teriam), à afirmação, de resto óbvia, de que cada um é um.

Diversidade é uma categoria imprescindível que não pode ser desperdiçada com exercícios retóricos que consideram suficiente para lidar com as deficiências de modo inclusivo reconhecer que cada um cumpre as tarefas a seu modo. Socialmente, o modo como alguns (não) fazem o que é para ser feito é efetivamente o que os deficientiza.

Aqui, refere-se à pessoa que, sem dúvida, se torna aquela que não consegue seguir o *script* em dado cenário, e esse "não conseguir" diz respeito à experiência concreta de participar do mundo desde sua corporeidade. E é com um corpo real, concreto, exprimível, que a pessoa se faz, torna-se a personagem com deficiência. Ela com o mundo e no mundo, não somente ela, nem somente o discurso sobre ela ou somente a estrutura que a sujeita. Mas sim a personagem em sua trama.

De modo relacional, ou seja, em relação ao outro, torna-se aquele identificável com uma diferença expressiva, descrita culturalmente com os repertórios que dão reconhecimento às expressões do não fazer, do não entender, do não conseguir que cada um pode apresentar em relação aos demais.

Em termos educacionais, torna-se possível e necessário perguntar: O que significa abordar essa diferença? O que é necessário para preservar o que se tem em comum? O que do contexto tem sobre ela um efeito deficientizador? Quando professores analisam os próprios trabalhos em relação à presença da criança com deficiência, que percepção de diferença proporcionam aos que se aproximam de suas bases de trabalho? E quanto e como consideram essa diferença expressão de diversidade ou de insuficiência?

Para responder a questionamentos como esses é necessário reconhecer, antes, que as famílias, com suas múltiplas configurações, têm participado ativamente dos jogos de apropriação e ressignificação da palavra diferença quando têm por objetivo dialogar com a escola a respeito da escolarização de seus filhos e filhas com deficiência.

O direito à diferença é também o direito ao reconhecimento de que a singularidade, a particularidade, a característica própria, a escolha, a preferência, a perspectiva, o ponto de partida, a impossibilidade de fazer não correspondem a desvios em relação a uma essência natural perdida, nem a um distanciamento proposital ou acidental em relação a algo que pudesse ser afirmado e descrito como "o" corpo, objeto a-histórico, atemporal e pronto (ou não pronto) antes da experiência constituinte de cada um.

A constatação de que estamos diante de alguém "diferente" encaminha, eticamente, a abertura à questão: diante de uma diferença autoinstituída, proclamada desde um sujeito que se identifica com e, assim, se diferencia de, ou uma diferença decorrente de minha percepção de grupo, pertencimento ou adequação à tarefa posta? Ou ambas, associadas, embaralhadas diante daquele que surpreende por se fazer presente e inquieta por adquirir direito a permanecer?

Não são questões novas, absolutamente, e a lista dos que se dedicaram e se dedicam ao tema relacionando-o também às deficiências é *per se* um convite a passar para dentro dos caleidoscópios.

A filósofa norte-americana Martha Nussbaum (2013), por exemplo, herdeira argumentativa do "homem universal" sonhado por Immanuel Kant, dialoga com muita densidade com autores como John Rawls, Amartya Sen e Eva Kittay e apresenta sua perspectiva de que deficiência, nacionalidade e pertencimento à espécie são problemas de justiça social negligenciados.

Seu feminismo liberal, interessado em discutir as bases do "contrato social", possibilita a Susana Castro, que a apresenta ao leitor brasileiro, reconhecer que Nussbaum afirma que "[...] se almejamos atingir uma ampla incorporação das pessoas com necessidades especiais nos arranjos sociais, é necessário que levem em consideração aquilo que elas possuem em comum com todos os outros seres humanos [...]" (Nussbaum, 2013, p. XXXIII-XXXIV).

César Augusto Assis Silva, com extraordinária densidade, aborda a questão "diferença" mostrando como a temática apresenta-se desde a perspectiva da chamada "cultura surda" (Assis Silva, 2012) um modo próprio de reivindicar uma cultura particular, atinente a um grupo, caracterizado pela presença dos falantes de LIBRAS.

Perspectiva instigante, pois, de fato, quantos estão abertos a caracterizar os surdos como grupo "dos que falam" LIBRAS? Essa é uma situação exemplar de resistência que alguns surdos apresentam, exigindo que não sejam definidos a partir da incapacidade de escutar. Para além disso, trata-se da insistência política que busca desvelar as insuficiências das estruturas "ouvintistas", que têm responsabilidade estruturante na produção de efeitos deficientizadores associados à surdez. Nesses círculos autorreferentes, a surdez é assumida como diferença, como identidade.

No chão da escola, a palavra diferença tem reverberado intensamente nas últimas três décadas. Mas, muitas vezes, essa reverberação traz à tona contradições nos modos de afirmar/defender a diferença quando o que está em questão é a escolarização da pessoa com deficiência.

O intenso fluxo nacional e internacional de garantia de direitos e de democratização do acesso à educação formal em escolas comuns não pode ser identificado, *a priori*, como movimento unívoco, sem nuanças. Por isso, é importante lembrar quantas vezes os sujeitos (nas teias de convivência de alunos/as surdos/as) puseram em dúvida as possibilidades da escola (em) comum, relativizando a deficiência e recorrendo à evocação da identidade, projetando um espaço "próprio" como necessário à singularidade em questão.

No mesmo percurso histórico, familiares de crianças com a Síndrome de Down inúmeras vezes evocaram a palavra diferença projetando com seu uso um sentido específico de proteção, de proteção intensificada. Ou seja, indicaram com suas reivindicações que as particularidades orgânicas instituíam uma diferença incompatível com as exigências escolares e se tornavam, portanto, demandantes de espaços próprios com atividades específicas. Especialmente em cidades interioranas em que já pesquisei, a defesa da importância das APAEs[7] foi/é recorrentemente feita com a apropriação da palavra diferença, ou seja, sinalizando que cabe à sociedade compreender e amparar "certa diferença".

Se os argumentos que emergem nessas situações têm legitimidade, uma vez que decorrem de experiências cotidianas concretas, situações em que impedimentos muitas vezes resultam sofrimento e preterição, por outro lado, são frequentemente capturados para argumentar a inviabilidade da Educação Inclusiva. São casos em que as inegáveis insuficiências do dia a dia escolar em relação às pessoas com deficiência são inescrupulosamente utilizadas para combater a Educação Inclusiva em si mesma, como se esta representasse uma desconsideração à diferença.

A ressignificação permanente da palavra diferença em relação aos propósitos da Educação Inclusiva é um tema com tal abrangência e complexidade que é possível (e desejável) fazer desse mote a razão de ser de um escrito próprio, planejado e executado com a finalidade exegética de abordar (re)interpretações a respeito. Aqui, permanecer nesse aspecto gera o risco de desvio em relação ao escopo deste livro, mas não há como deixar de mencionar a apropriação recente e crescente que o "universo neuro" produziu em relação à palavra diferença, mesmo porque o chão da escola já deu guarida a esses repertórios.

---

7. Referência à Associação de Pais e Amigos dos Excepcionais, APAE, fundada em 1954 na cidade do Rio de Janeiro, que ganhou dimensão nacional, constituindo-se uma rede paralela à educação regular. Cf. Jannuzzi e Caiado (2013).

Brevíssima referência à neurodiversidade

As perguntas apresentadas a seguir expressam questões importantíssimas para o universo da Educação Inclusiva:

> Seja superficial ou bem informado, excêntrico ou sério, o envolvimento dos defensores da neurodiversidade com as neurociências se tornou um instrumento fundamental para moldar identidades pessoais. O processo começou no final dos anos 1990. (...) Podemos dizer que alguns dos ativistas se tornam sujeitos cerebrais por intermédio de seu envolvimento com as neurociências e as alegações de neurodiversidade? Definir-se como neurodiverso ilustra o que Joseph Dumit (2004) chama 'autoestilização objetiva', isto é, incorporar à definição pessoal de alguém ideias, termos e metáforas científicas ou especializadas? Todos os ativistas utilizam vocabulários cerebrais do mesmo modo? Há versões distintas de 'história do cérebro' (Martin, 2009)? E como elas são moldadas diferentemente em blogs, grupos de discussão, autobiografias, conferências? Que tipo de informação está sendo usada? (...) Quem está se dirigindo a quem, e em que espaços? (...) Responder a essas tarefas não é tarefa fácil. (Vidal; Ortega, 2019, p. 220-21).

Responder a essas tarefas não é, de fato, tarefa fácil. Porém, neste momento, é difícil pensar um roteiro mais denso e completo para discutir o tema "neurodiversidade" do que o que foi apresentado no incomparável livro intitulado *Somos nosso cérebro? Neurociências, subjetividade e cultura*, escrito por Fernando Vidal e Francisco Ortega (2019).

O conjunto analítico da obra destacada tem tal riqueza e densidade, que é melhor convidar o pesquisador interessado em discutir a importância do tema "cerebralização" do homem para a Educação Inclusiva a mergulhar na profundidade dessas águas.

O conjunto argumentativo tem elaboração tão instigante e esclarecedora que trazê-lo de modo fracionado para corroborar argumentos meus pode distrair o leitor da "obrigação" que todo interessado na Educação Inclusiva passou a ter após sua publicação. Tornou-se referência inescapável.

O tema neurodiversidade tem sido percebido no âmbito da Educação Inclusiva com base em reflexões originadas na lida filosófica, da qual recebemos, vez ou outra, exegeses importantes para os debates, por assim dizer, educacionais.

Neurodiversidade diz respeito a um complexo tema com crescente presença e visibilidade também no chão da escola.

Os cadernos de campo que produzi, que registraram cenas cotidianas apreendidas nas etnografias escolares levadas a efeito nos últimos anos, têm apontamentos que permitem reconhecer a circulação crescente de representações do "universo neuro", como se este universo dissesse respeito a uma instância superior de desvendamento.

Escolho propositalmente a palavra desvendamento pela quantidade impressionante de vezes em que se capta a indagação: "Você levou seu filho ao neuro?". Uma indagação permeada pela expectativa de encontrar na consulta com um neurologista a explicação capaz de desvendar o que determinada criança tem de diferente conforme seu comportamento se mostre quieto demais ou de menos. Expectativa essa que se complementa muitas vezes com a "esperança" de emergir dessa incursão nos condomínios da ciência com um novo nome para a criança, pronunciado e instituído por um laudo, o "seu laudo".

O encaminhamento, a busca e a elaboração desse registro pericial que o laudo proporciona dizem respeito a uma perspectiva da cotidianidade educacional com visibilidade tão crescente que não pode ser subestimada. Efetivamente, os laudos tornaram-se instâncias de validação de inúmeros aspectos da vida escolar (Freitas; Garcia, 2019). São sinalizadores de diferenças? Diferenças consideradas "dentro" do humano ou exteriores a esse?

Foi Francis Wolff (2011) quem brilhantemente argumentou que o Ocidente aprendeu a se referir à humanidade que temos em comum, "nossa humanidade" como solicita o autor, primeiramente voltando ao legado aristotélico para compreender o "animal racional" (Wolff, 2011, p. 23-46).

Na sequência, o autor se detém no século XVII para retomar o argumento que se impõe na formulação cartesiana sobre a humanidade do homem, aquele que pode afirmar, "penso, logo existo". Este expressa o pensamento como se esse fosse pura interioridade, sem exterioridade, e o corpo como se esse fosse pura exterioridade, sem interioridade (p. 52).

Essa representação de nossa humanidade foi/é altamente impactante no modo ocidental de pensar quem somos e o que temos em comum. As duas sínteses de René Descartes abaixo mostram isso mais detalhadamente.

A primeira:

[...] Não há viventes que tenham cada um sua essência, nem ordem dos viventes ou escala das faculdades, só uma corporeidade móvel, como uma imensa máquina regulada por mecanismos que transmitem em diversos sentidos, avançando pouco a pouco os movimentos que formam toda a variedade aparente das espécies ditas vivas (Wolff, 2011, p. 53).

A segunda:

[...] Todo corpo vivo é como um carrilhão, um relógio, um jogo de órgãos ou um autômato hidráulico; a fisiologia não é senão uma mecânica, e a mecânica, por sua vez, não é senão matemática. Toda minha física nada mais é do que geometria (Wolff, 2011, p. 54).

O neurologista António Damásio (2012) argumentou que Descartes, tendo feito como fez, errou, pois separou a mente do corpo. Fez da mente fruto do cérebro, e esta imagem separada chega a nós nos dias atuais insinuando que desvendar o cérebro ensinará o que é "todo processo biológico".

Francis Wolff não terminou sua erudita jornada no século XVII. Sentiu-se desafiado a pensar a humanidade do "homem estrutural", ou seja, daquele que foi descrito no século XX pelas ciências humanas como "sujeito sujeitado", o homem descrito com o conceito de estrutura:

[...] os indivíduos não existem nem por si mesmos, nem para si mesmos, mas só pelas diferenças que os separam e nas relações que os ligam. Ao estudar as estruturas [nas línguas, nas regras de parentesco, nas relações sociais, no inconsciente, etc.], as ciências humanas assumiam um objeto invariável, formal e estritamente determinado [...], que nada deveria às variações locais, aos pontos de vista individuais ou à consciência dos agentes (Wolff, 2011, p. 71).

Trata-se do homem, cuja humanidade se compreende entendendo antes o que é a sociedade, o capitalismo, o modo de produção, os sistemas etc. O homem estrutural é aquele que, segundo Michel

Foucault, não existia antes do século XVIII porque não tinha sido ainda instituído como objeto apreensível cientificamente.

Ainda que Descartes tenha afirmado que os viventes não têm cada qual uma essência, há um "essencialismo" na imagem do homem caracterizado como senhor dos seus pensamentos. O homem estrutural, por sua vez, somente pode ser entendido assim se for afirmado, mesmo que com muitas perspectivas, como "sujeito sujeitado" pelas estruturas, mas fundamentalmente "sem essência" que previamente o faça e o defina.

Essa visitação ao também extraordinário texto de Wolff foi feita para concordar com o autor que essa trajetória ocidental, com séculos de acumulação e ra/retificação argumentativa, pegou recentemente um atalho e passou a considerar que uma nova síntese de humanidade se apresenta com o "homem neuronal".

Essa nova afirmação do homem e de nossa humanidade é formulada à distância das ciências humanas e se apresenta com as credenciais das neurociências, com técnicas que se valem de imagens do cérebro e com uma palavra-chave: cognição (volto a recomendar fortemente a leitura do livro de Vidal e Ortega acima mencionado).

Wolff refere-se a esse "cognitivismo" com a expressão "virada naturalista". Difícil imaginar expressão mais adequada, especialmente porque essa "virada" é acompanhada de grande entusiasmo evolucionista, com a ocupação de espaços midiáticos, acadêmicos e editoriais por autores que avançam voltando ao campo argumentativo do evolucionismo.

O funcionamento da mente e as comparações entre o cérebro e os dispositivos *hardware* da computação, bem como as representações da governança cognitiva, reduzindo a experiência escolar à busca do "software necessário" para cada um, com o mapeamento de habilidades e competências a desenvolver, tornaram-se parte de um enredo em que se promove a biologização de todas as disciplinas, e chegamos, mais uma vez, ao "determinismo final":

> [...] Sujeito há pouco ao determinismo das estruturas, da História, do inconsciente e do social, o homem estaria agora, segundo essa nova figura, sujeito ao determinismo dos genes, da hereditariedade, do cérebro e da natureza (Wollf, 2011, p. 128).

Espanta que isso seja considerado novo e que o entusiasmo com o desvendamento do cérebro para indicar o que cada um é ou o que pode conseguir seja tomado como ápice do diálogo entre educação e ciência. Impressiona que haja tão pouco incômodo com esse regresso a pressupostos que, por exemplo, no final do século XIX, apontavam que no desvendamento da anatomia estaria a chave para a previsão do comportamento (Gould, 2012).

Se a previsibilidade é um dado estruturante desse modo de interpretar, ou seja, se carrega o pressuposto de que desvendando o cérebro, a genética etc. nos apropriamos dos parâmetros "adequados" para analisar e prever o desempenho de cada um em cada situação, a imprevisibilidade é também uma palavra-chave nas reelaborações da diferença que percebemos no chão da escola.

Previsibilidade e imprevisibilidade não são simplesmente expressões neutras, que transferem para o campo pedagógico referências do que é passível de planejamento ou não. São, no atual contexto, parte daquele léxico que Chul Han (2017) denominou de "paisagem patológica" de nosso tempo.

Patrick Landman (2019), por exemplo, chamou a atenção para o modo como a busca pela definição de uma diferença com base numa disfunção neurobiológica gerou aquilo que o autor denominou de "inacreditável epidemia", referindo-se à busca escolar pelos diagnósticos de "transtornos de atenção".

O hiperativo, o diagnosticado com transtorno de atenção, o que "tem" TDAH, é uma personagem cada vez mais presente no dia a dia da vida escolar. E o autor argumenta que a previsibilidade apreensível no desvendamento do transtorno por um lado já alimenta estratégias de prevenção e, por outro lado, não consegue esconder a força da indústria farmacológica e os investimentos do "psicomarketing" nos emaranhamentos do dia a dia (Landman, 2019, p. 91)[8].

Susan McKinnon (2021) interveio nesse debate com um argumento muito importante para a Educação Inclusiva.

Demonstrou como previsibilidade e adaptação são palavras que foram apropriadas por uma "genética neoliberal" que vive da atualização permanente de pressupostos evolucionistas e que fazem, como alerta Christian Dunker na apresentação da obra, uma:

> [...] espécie de acomodação semicientífica de conceitos e discursos derivados da teoria da evolução darwiniana, mas aplicados de forma inconsequente, do ponto de vista epistemológico, e perigosa, do ponto de vista ético-político (Dunker, 2021, p.7).

A antropóloga demonstra com brilhantismo que, em termos argumentativos, voltamos a um individualismo genético e a uma especificidade neuronal. Ambos são alimentados por "biologias sociais", como as de Edward Wilson e, principalmente, Steven Pinker que, ao final, se apropriam destrutivamente da palavra adaptação para descrever a história da humanidade como percurso em que os adaptados e, portanto, os "superiores" predominam porque têm uma diferença em relação aos que sucumbem.

Diversidade, nesse universo, não é a diversidade cultural, mas sim lógica adaptativa (McKinnon, 2021, p. 25), e a psicologia evo-

---

8. Em algumas escolas é possível escutar "ela toma Ritalina" sem que isso demande qualquer explicação da parte de quem fala para quem escuta, considerando a crescente familiaridade com o repertório da hiperatividade e da desatenção e com sua materialidade, ou seja, seus testes, laudos e receituários.

lucionista escorada nesse modo de pensar "[...] não passa da mais recente de uma longa linha de narrativas científicas reducionistas que naturalizam categorias e hierarquias sociais (p. 32)".

A própria noção de diversidade esvazia-se nesse caso, porque é apresentada a partir de uma base, uma infraestrutura biológica que determina o que é, *a priori*, o componente variável e passível de diversificação, e tanto a variação quanto a diversificação acabam se tornando oscilações métricas entre organismos, com índices que diferenciam aptidões das inaptidões.

Susan McKinnon tem experiência analítica com as demandas trazidas por essa questão. Vale lembrar que, em parceria com Sydel Silverman (2020), argumentou que o melhor roteiro a seguir é o que propõe reconhecer que estamos diante de grande complexidade ou, como sugerem as autoras, diante de complexidade"s". O melhor a fazer, sugerem, é relativizar o alcance do binarismo natureza *versus* cultura.

É com um esforço de relativização consistente que Roy Grinker (2021) interveio nesse debate argumentando que a diversidade tem sido, inúmeras vezes, um recurso argumentativo potente para resgatar a pessoa diagnosticada com autismo das clausuras materiais, emocionais e simbólicas em que muitas vezes se encontram. Voltamos à necessidade de analisar a cada uma dessas perspectivas na companhia do roteiro elaborado por Vidal e Ortega (2019).

Na escola são incontáveis as vezes em que a menção à pessoa diagnosticada com Transtorno do Espectro Autista (TEA) é também uma alusão ao impossível, àquilo que é rapidamente associado, depreciativamente, ao "grande defeito de fabricação".

Grinker argumenta que tem sido expressão de resistência o esforço de muitas famílias no sentido de associar o autismo à diversidade humana (Grinker, 2021, p. 226) e que a neurodiversidade, nesse processo específico, tem sido evocada como se conduzisse à porta de saída para os que convivem com estigmas muito destrutivos.

Rayna Rapp (2011, p. 9) leva a efeito um movimento analítico que também encontra na neurodiversidade um modo de reafirmar a deficiência como categoria transversal e própria à diversidade humana como um todo e que, sendo assim, não pode simplesmente ser considerada um recurso descritivo a serviço da tabulação de déficits.

Por outro lado, acompanha a apreensão dos analistas que estão preocupados com a generalização do "homem neuronal", do sujeito explicado com o "idioma do cerebralismo" (Vidal; Ortega, 2019). A autora menciona diálogos entre mães que apresentam seus filhos descrevendo uma "particularidade cerebral" e, ao mesmo tempo, indagam o tipo de cérebro das demais crianças.

A neurodiversidade também está inscrita na tábua de contradições sobre a qual depositamos socialmente nossos esforços para delinear a Educação Inclusiva. Esta categoria só pode ser associada a esforços críticos e densos de análise se for conectada, antes, àquilo que Bartra (2010), Gabriel (2019), Ortega (2007), Vidal e Ortega (2019), McKinnon (2021), Wolff (2011) sinalizaram com densos argumentos rapidamente lembrados aqui.

Cada qual, a seu modo, indicou os riscos contidos na naturalização do argumento de que "a pessoa é seu cérebro". Faz-se necessário manter uma espécie de vigilância epistemológica para evitar que, ao final, os esforços para reconhecer a diferença como categoria imprescindível não conduza perspectivas importantes, como as que suscitam hipóteses de neurodiversidade, de volta ao "reino da natureza", uma espécie de entidade supra-histórica produtora aleatória de organismos funcionais ou não funcionais.

Autonomia contra inclusão

Como afirmei desde o início, predominantemente, o chão da escola indica que entende por Educação Inclusiva a resposta educacional à presença de estudantes com deficiência. Essa presença voltou a ser questionada recentemente quando do obscurantismo político em que o país se encontra submerso emergiu um roteiro para retomar lógicas segregadoras.

Esse roteiro apresentou ressalvas à Educação Inclusiva retomando mais uma vez o violento argumento de que a permanência na escola (em) comum seria "injusta" para com a criança com deficiência, que teria "direito" à educação separada, e igualmente injusta para com a "criança autônoma", que segundo a autoridade ministerial, criança essa que tem sido "atrapalhada" (*sic*) pela "junção indevida" que "inclusivistas" (*sic*) têm levado a efeito.

A inconsistência dessas afirmações fala por si e dispensa maiores comentários. Mas, para a análise em curso neste livro, é importante chamar atenção para a apropriação da palavra autonomia, que seguidamente ocorre no âmbito da escolarização de pessoas com deficiência. Trata-se de uma questão que antecede seu uso e apropriação neste debate edificado no pântano, e oferece oportunidade para abordarmos uma questão de fundo.

A palavra autonomia ocupa lugar central na argumentação de autores que deixaram importantes legados para a educação. Se é possível lembrar escritos como os de John Dewey ou de Georges Snyders, cujas menções à autonomia foram intensamente debatidas nas décadas de 1980 e 1990, quando os alicerces da Educação Inclusiva começavam a ser estruturados, sem dúvida também é possível (e necessário) lembrar que a palavra autonomia remete obrigatoriamente à obra de Paulo Freire, autor cada vez mais imprescindível.[9]

Mas apropriação e uso da palavra autonomia são dinâmicas caleidoscópicas, que geram imagens muito diferentes conforme o manejo de quem usa.

Por isso, é necessário levar a efeito o mesmo esforço crítico com o qual tentamos entender as "práticas de significação e os sistemas simbólicos" (Woodward, 2013) que possibilitam compreender as representações que "dão sentido" àquilo que experimentamos e que organiza a percepção do que (não) somos.

(Woodward, 2013, p. 18) observa que:

> (...) É por meio dos significados produzidos pelas representações que damos sentido à nossa experiência e àquilo que somos. Podemos inclusive sugerir que esses sistemas simbólicos tornam possível aquilo que somos e aquilo que podemos nos tornar. A representação, compreendida como um processo cultural, estabelece identidades individuais e coletivas e os sistemas simbólicos nos quais ela se baseia fornecem possíveis respostas às questões: quem eu sou? O que eu poderia ser?

Não encontrei até hoje um único projeto pedagógico que tenha se referido à Educação Especial ou à Educação Inclusiva

---

9. Sempre é importante citar e reconhecer o livro *Pedagogia da autonomia* (Freire, 1996)

sem manifestar intenção de desenvolver ou devolver autonomia à criança com deficiência.

Se, por um lado, encontro no uso corrente da palavra autonomia um indicador presente em todas as referências que explicitam a razão de ser da escolarização de pessoas com deficiência, por outro lado, a naturalização da autonomia como "aquilo que falta" à pessoa com deficiência ou "aquilo que ela não tem" esvazia o sentido emancipatório que permeia o uso da palavra em obras como as de Paulo Freire e produz um significado para "sujeito autônomo" que se confunde com o homem econômico, anteriormente criticado.

O homem econômico, por suposto, recolhe de cada experiência os componentes competitivos para prosseguir sem depender de outrem e para realizar por conta própria a edificação de uma existência que resolve o modo próprio de prosperar e ele, o homem econômico, torna-se "alguém que não precisa pedir".

Essa captura do sentido de autonomia para propósitos de escolarização cada vez mais permeáveis ao produtivismo, ao contrário do que possa parecer para os que apostam na autonomização dos sujeitos, faz parte de um contexto que sistematicamente tem reduzido os debates educacionais às representações trazidas pelo "gerencialismo" (Carvalho, 2020).

Cumulativamente, a projeção do sujeito autônomo nos últimos trinta anos tem sido também a projeção da pessoa que não incomoda, que não pede, que faz sozinha. Independência tem sido palavra-chave para evitar a presença de outra palavra fundamental à compreensão do que é a experiência humana enquanto teia de convivência, que é a palavra interdependência. Talvez apenas poucos autores atentos à expressiva disseminação da vida precária tenham percebido que a valorização das interdependências tornou-se questão decisiva para os que não estão à altura dos corpos e intelectos considerados produtivos e articulados à entrega permanente de "resultados" (Butler, 2011).

O que é necessário para que a criança com deficiência seja reconhecida como autônoma no âmbito da escola? Deixar de ser uma pessoa com deficiência? Não mais demandar ações que conectem seus corpos e intelectos ao fluxo interdependente do fazer com, ao lado de, com a mediação de, conectado a?

É importante lembrar a ressalva que Bernard Lahire (2005) fez à naturalização da palavra autonomia nos processos de aferição de sucesso e fracasso na experiência escolar:

> [...] autonomia tem seu lado de dependência. Essa dependência existe em relação aos saberes, às instruções, às regras objetivadas, das quais é preciso apropriar-se para chegar-se sozinho a uma solução [...]. Mas o conjunto de técnicas que conduzem [obrigam] à autonomia [compreensão auditiva ou leitura silenciosa das instruções, ausência de respostas nas questões colocadas, uso de fichas, sistemas de autocorreção, uso de dicionário para procurar sozinho o sentido de uma palavra...] constitui uma *relação de poder* e uma *relação com o saber*. A autonomia é, portanto, uma forma de dependência histórica específica. A figura do professor desaparece em proveito de dispositivos pedagógicos objetivados... (Lahire, 2005, p. 61-62, itálicos do autor).

Seu complemento a essa ressalva é um convite à reflexão:

> A autonomia é, portanto, o nome de uma relação social especial com o poder e o saber [...]. É questionada pelos alunos que não fizeram suas (auto) leis (nomos) escolares enquanto maneira de se comportar e de pensar. Para fazer sozinho certas atividades é preciso ter interiorizado esquemas mentais e comportamentais sob orientação do adulto [...]. Isto implica, para um bom método, que o pesquisador deva se esforçar para reconstruir as condições de interdependência que estão no princípio das competências, saberes, disposições de um indivíduo determinado. Não é por acaso, portanto, que os pro-

fessores que ensinam em meios populares se queixem ritualmente da ausência de autonomia de seus alunos (Lahire, 2005, p. 64-65).

O esforço para ser visto (e ver-se) como autônomo muitas vezes diz respeito a adentrar e ser bem-sucedido/a na arte de não demandar, na incorporação da performance característica de um outro modelar que a criança com deficiência nunca será (se é que alguém é, de fato, expressão desse "sujeito competente").

Muitas vezes, a pessoa com deficiência submerge na experiência de ser abordada com falas que propõem buscar todas as suas potencialidades. Todavia, concretamente se tornam personagens de tramas que modulam todos os esforços pedagógicos, todos os esforços habilitadores e reabilitadores para aproximá-la não exatamente de si (seu eu mais potente), mas de um corpo "natural" imaginado na plena posse de suas igualmente "naturais" capacidades, projetando um corpo que é "funcionalmente" autônomo.

Para algumas pessoas que estão presentes no chão da escola, as particularidades de seus corpos e a singularidade de seus apetrechos desvelam um cotidiano não imediatamente visível. São crianças que têm rotinas que conectam experiências escolares às experiências ambulatoriais, fisioterápicas, reabilitadoras e que, no emaranhado dessas teias de convivência, participam de cenas que nos deixam perplexos quando percebemos que adultos abordam essas crianças projetando sobre elas (contra elas) as imagens da criança autônoma.

Esta, a criança autônoma, é forjada com projeções da competência e todas as que são identificadas com representações da insuficiência passam permanentemente por processos de aferição do "grau de aproximação" que têm em relação àqueles corpos que, supostamente, existem sem interditos funcionais. Essas experiências de aferição têm sido decisivas para uma marcação específica de diferença, aquela que se refere à presença dos "incompletos".

São questões que não se restringem ao universo das deficiências e também incidem sobre temas que permeiam a diversidade cultural manifesta na presença crescente de migrantes estrangeiros pobres.

A seguir, vou compartilhar registros de experiências etnográficas que proporcionaram acompanhar de perto algumas tramas com personagens exemplares dessas dinâmicas de naturalização do (in)completo. Refiro-me à presença de crianças migrantes estrangeiras cujas famílias se deslocaram da Bolívia e do Haiti, e em cujas tramas da diversidade cultural e deficiências foram amalgamadas.

A aproximação entre os temas deficiências e diversidades: preliminares

Quero compartilhar neste livro dois achados de pesquisa que permitiram analisar a complexidade que o tema deficiência adquire quando é mencionado em contextos permeados por intensa diversidade cultural.

No dia a dia da educação pública na cidade de São Paulo, especialmente em algumas regiões centrais dessa polifônica metrópole, a migração estrangeira é um fator visível de diversificação cultural.

A diversidade cultural acrescenta heterogeneidade em praticamente todos os aspectos do cotidiano e torna-se também substância inseparável das assimetrias sociais. E a escola pública é uma instituição-chave para migrantes estrangeiros empobrecidos, especialmente quando se dão conta de que têm no direito à matrícula de suas crianças um componente estratégico para enfrentar os efeitos das desigualdades econômicas.

Antropologicamente, pesquisar diversidades culturais é sempre um desafio, pois diz respeito a registrar detalhes como, por exemplo, observar a expressão facial como recurso comunicativo entre pais e filhos, acompanhando interações não verbais, mas muito expressivas.

No universo multicultural da educação pública de São Paulo, observar o rosto muitas vezes mostrou-se fundamental para apreender o receio de mães bolivianas quando avisadas pela escola que professoras "cogitaram encaminhar para a avaliação clínica" a criança que, com seu mutismo, "apresentava traços de deficiência".

Quero compartilhar brevemente aqui a percepção de mães bolivianas que, diante de cogitações dessa ordem, em primeiro plano demonstraram medo, receio de que o corpo/intelecto de seus filhos trouxesse algum interdito à permanência.

Quero compartilhar também a perplexidade singular de mães haitianas, que nem consideravam a possibilidade de encontrar na escola pública lugar para crianças com deficiência, expressando um convencimento de que os impedimentos do corpo/intelecto são "naturalmente" do âmbito privado, ou objeto de atenção caritativa, não escolar. Por isso, suas reações expressavam maravilhamento com a abertura da escola pública à diferença, ao diferente.

As dimensões da diversidade cultural são imprescindíveis para o universo de pesquisa que se compromete com a Educação Inclusiva, pois os modos de representar compatibilidades entre pessoas com deficiência e os fazeres e saberes do mundo são componentes estratégicos ao estudo cultural da identidade das pessoas com deficiência. E se a própria noção de deficiência não se restringe a parâmetros orgânicos de definição, ser reconhecido ou reconhecer-se como pessoa com deficiência na experiência que já faz do estrangeiro um permanente *outsider* não é um dado trivial, é um aspecto configurador de alteridades.

A presença de crianças estrangeiras nas Redes Públicas de São Paulo tem números relevantes (Freitas; Silva, 2015), crescentes (Braga, 2019a), e consoantes a um processo do capitalismo contemporâneo com predominância de deslocamentos humanos no fluxo sul-sul global, uma diferença expressiva em relação aos fluxos anteriores que expressaram deslocamentos predominantemente baseados no sentido norte-sul.

Antes de compartilhar com mais detalhes os achados de pesquisa mencionados acima, é importante trazer para este texto, mesmo que rapidamente, informações que favoreçam compreender quão denso e quão amplo é o desafio que o tema diversidade cultural traz à pesquisa educacional.

Vou apresentar um pequeno painel.

Perspectivas que têm elaborado criticamente a questão

Processos migratórios têm necessariamente bases antropológicas, sociológicas e históricas indispensáveis para a elucidação da complexidade implícita nos "deslocamentos da diferença e do diferente" (Sayad, 1998).

Abdelmalek Sayad é recorrentemente citado nos escritos sobre processos migratórios. Isso se dá pela força extraordinária de sua obra, pela associação fecunda que teve com Pierre Bourdieu, mas principalmente porque soube, com base em incansável pesquisa de campo, fazer dos registros das vivências pessoais um recurso estratégico para compreender o "sofrimento de quem chega" (Sayad, 2014). Seus escritos são fundamentais para elucidar "paradoxos da alteridade" (Sayad, 1998) com os quais se expressa a (re)construção de sujeitos sociais "desenraizados" (Sayad, 2010). Essa referência, um clássico, aqui também é fundamental, pois esse reconhecido autor ensina a compreender o comportamento dos que chegam como postura de permanente negociação com tudo e com todos (Sayad, 2014).

Esse estado de permanente negociação, especificamente em relação ao migrante estrangeiro pobre, mostra-se de modo singular quando familiares, especialmente mães, reagem aos argumentos escolares que cogitam associar seus filhos ao público-alvo da Educação Especial. Tratarei disso adiante, mas antes quero acrescentar informações que permitam reconhecer a complexidade dos contextos em que a migração estrangeira se soma aos desafios da Educação Inclusiva.

Mencionei o migrante estrangeiro pobre. Acompanho Ventura e Yujra (2019), que também usam essa categoria descritiva. Essa opção não deixa de reconhecer a clássica indicação de emigrante para quem deixa seu país de origem e imigrante para quem chega. Mas migrante estrangeiro é uma categoria que, na experiência do deslocamento humano, mostra que é necessário entender ambos os processos no que têm de específico e no que têm em comum.

No Brasil, esse campo de estudos tem sido permanentemente adensado. Baptista e Magalhães (2020) reuniram escritos que demonstram as migrações em expansão, o que Dantas (2012) também fez, mas focando especificamente na perspectiva da interculturalidade, estratégica para entender, por exemplo, ações específicas de haitianos/as na escola.

A pesquisa educacional se beneficia com a circulação de dossiês ou estados da arte articulados noutros eixos de produção acadêmica, como os da América Latina (Dureau; Lulle; Souchaud; Contreras, 2015) ou concatenados a partir de interrogações disciplinares, como a sociologia das migrações (Truzzi; Monsma, 2018a, 2018b), da imigração (Oliveira, 2018), do imigrante nas ciências sociais (Taniguti, 2018). Os fluxos como categoria de análise já estavam presentes nos estudos sobre migrações internacionais de e para o Brasil (Patarra, 2005), e essa perspectiva mostrou-se fecunda também nos estudos que apreenderam a diversidade cultural no bojo da organização familiar nas dinâmicas urbanas (Alves, 2016), direta ou indiretamente conectadas à escola.

Especificamente na cidade de São Paulo, o tema tornou-se devedor dos muitos estudos de Véras (2003, 2012, 2017), com os quais a condição de estrangeiro na metrópole e os territórios e fronteiras da alteridade foram desvelados. Isso se deu com especial atenção da autora à produção das assimetrias sociais que enclausuravam a diversidade cultural ora em dinâmicas de "heterofobia", ora em contextos diluídos nas representações da aglomeração urbana.

Na produção antropológica brasileira, Feldman-Bianco; Sanjurjo; Silva (2020) identificaram e analisaram escritos comprometidos com os temas migrações e deslocamentos. Lembram que os temas migração, raça e nação adquiriram força arquetípica no pensamento social brasileiro.

A pesquisa que fizeram confirmou que, de fato, foi somente com institucionalização das ciências sociais no Brasil a partir da década de 1940 que escritos acadêmicos a respeito se apresentaram para tratar da questão como objeto singular.

O marco inicial é *Assimilação e populações marginais no Brasil*, de Emílio Willems (1940), e essa perspectiva "assimilacionista" caracterizou a produção antropológica sobre esse objeto até a década de 1970, quando perspectivas voltadas aos temas etnicidade, identidade étnica e nação predominaram. O "assimilacionismo" de populações representadas como marginais, foi gradualmente abrindo espaço para a observação de transformações culturais, e a chave interpretativa passou a ser a categoria "aculturação" (Feldman-Biano; Sanjurjo; Silva, 2020, p. 5).

Esta observação tem significativa importância para a pesquisa educacional porque aculturação e culturalismos foram palavras-chave para que se ensaiasse uma antropologia educacional no âmbito do Centro Brasileiro de Pesquisas Educacionais (CBPE) a partir de 1956 e, especialmente para o objeto deste livro, no âmbito do seu polo paulistano, o Centro Regional de Pesquisas

Educacionais de São Paulo (CRPE-SP), especialmente a partir de 1958 (Freitas, 2002, 2014).

Se no universo do CBPE, localizado no Rio de Janeiro, concebia-se uma antropologia da educação que fosse capaz de orientar o planejamento de políticas educacionais produzindo, por exemplo, mapas culturais para que a escola pública compreendesse a diversidade cultural que a circundava, no universo do CRPE-SP a mesma proposta ganhava perspectiva singular em razão do processo de agigantamento de São Paulo, o que já era pressentido.

Darcy Ribeiro, por exemplo, argumentava naquele contexto que o CBPE, com a pesquisa antropológica desenvolvida no Programa Cidades-Laboratório, ensinaria o Estado a organizar a inserção da escola pública no Brasil diverso e sertanejo (Ribeiro, 1959). Mas o CRPE-SP estava em São Paulo e a cidade já tinha "sertões internos" (Freitas, 2002), bairros nacional e etnicamente diferenciados, camadas culturais distintas e mudanças sociais captáveis num folclore impregnado de memórias de migrantes (Fernandes, 1960).

No CRPE-SP, a presença episódica, mas decisiva, de Florestan Fernandes, deu outro tom às pesquisas sobre escola pública e diversidade cultural, num momento em que as preocupações do autor também captavam o migrante estrangeiro naquilo que era denominado de cultura popular transmitida de geração em geração.

O golpe civil-militar de 1964 descaracterizou este projeto que subsistiu até o início da década de 1970, e a institucionalidade das propostas estruturadas para pesquisar a diversidade cultural na escola pública estilhaçou-se.

A redemocratização do final dos anos 1980 tornou-se também baliza para os estudos da diversidade cultural no âmbito da educação. O desafio da diversidade na escola foi retomado na década de 1990 no processo que foi organizando os Parâmetros Curriculares Nacionais (Valente, 2003) e a Lei de Diretrizes e Bases da Educação, de 1996 (Gusmão, 2003; Moehleck, 2009). Mas esses eventos estruturantes repercutiram mais incisivamente no universo da pesquisa educacional a partir da primeira década do século XXI[10].

A pesquisa antropológica sobre o tema teve expansão qualitativa e quantitativa mais recentemente, no decênio 2008-2018 (Feldman-Bianco, Sanjurjo, Silva, 2020), com a densa aproximação entre estudos migratórios e estudos urbanos, conectados por questões atentas às precarizações do trabalho e da vida nas cidades.

Com certa coincidência cronológica em relação a esse decênio de crescimento da produção antropológica, as pesquisas sobre migração, diversidade cultural e educação em São Paulo têm seu reaparecimento na produção acadêmica que se formalizou entre 2007 e 2019, predominantemente no âmbito da pós-graduação *stricto sensu*. Deve-se destacar que, no bojo dessa produção, há um dado de singular importância que é a presença de profissionais da própria Rede Municipal de Educação de São Paulo entre os que pesquisaram a realidade educacional de migrantes estrangeiros.

---

10. Em termos educacionais, se os processos que orbitaram na dinâmica que estruturou em 2004 a Secretaria de Educação Continuada, Alfabetização e Diversidade, Secad (ainda sem a letra I, de Inclusão, que seria acrescentada posteriormente), vinculavam diversidade a gênero, raça, idade, etnia, o Plano de Desenvolvimento da Educação (PDE) de 2007 abordou inclusão como direito à diferença (Moehleck, 2009).

No âmbito da pesquisa educacional em São Paulo

No universo da pesquisa educacional relacionada à diversidade cultural na escola proporcionada especificamente pelo deslocamento humano da migração estrangeira, uma base interdisciplinar pode ser reconhecida no modo como Avelino (2020), Patarra (2005), Baeninger (2012, 2016) são citações de referência. A atualização estatística e o permanente refinamento conceitual de autores de outros campos fazem parte também de um processo de adensamento das pesquisas educacionais sobre o tema.

Da perspectiva da escola pública, o que chama atenção no que toca à crescente diversificação cultural da cidade de São Paulo e também da sua gigantesca Região Metropolitana, nos últimos vinte anos, é que tem sido possível identificar uma produção acadêmica própria, ainda sem grande volume quantitativo, mas significativamente atento ao chão da escola, com volume qualitativo, portanto.

É importante registrar, como fizeram Magalhães e Schilling (2012), que uma questão de fundo sempre está presente e é captada nos gestos de aproximação que a pesquisa enseja. Trata-se da necessidade de verificar permanentemente como o direito humano à educação está se efetivando quando está em questão a escolarização de migrantes estrangeiros. As autoras pesquisaram a questão abordando especificamente a presença de bolivianas/os nas escolas públicas de São Paulo.

A vida escolar que emerge nas pesquisas sobre a diversidade cultural vai desvelando a própria visão docente sobre o preparo que têm para lidar com a questão. Revela também detalhes do relacionamento entre escola e aqueles/as que ocupam a parte inferiorizada da escala econômica, com contradições que ora exprimem o disciplinado propósito de fazer com que filhos se adaptem à escola, ora exprimem o sonho de uma escola segregada para evitar as dificuldades de comunicação (Magalhães; Schilling, 2012, p. 58).

Masella (2019) analisou o panorama de matrículas da migração estrangeira na cidade de São Paulo e verificou como as próprias escolas representam a permanência e o desafio intercultural da inclusão. Percebeu um dado precioso, que é o da concentração de matrículas em bases territoriais próximas às possibilidades de trabalho, mas preferencialmente nos espaços urbanos que articulam ações intersetoriais, como as de saúde e assistência social.

Braga (2019a) levou a efeito denso processo de investigação e análise sobre migrantes latino-americanos nas escolas municipais de São Paulo e, assim como Masella (2019), pesquisou e escreveu sem abrir mão da própria experiência docente da escola pública.

Abordou o currículo, a repercussão das políticas públicas da Secretaria Municipal de Educação de São Paulo e seus documentos norteadores, e conheceu de perto as percepções de quem ensina e suas estratégias de acolhimento. Analisou projetos pedagógicos e indicou as conexões desse universo com entidades nacionais e internacionais, ONGs e grupos de referência. Sua pesquisa permitiu vislumbrar a produção acadêmica recente, direta ou indiretamente relacionada a temas educacionais.

Morais (2007) pesquisou bolivianos na educação escolar de São Paulo e Silveira Jr. (2008) imagens da migração naquilo que foi denominado de "educação transitória", situação que reflete a

DEFICIÊNCIAS E DIVERSIDADES: EDUCAÇÃO INCLUSIVA E O CHÃO DA ESCOLA

experiência de muitos migrantes. Vieira (2010) abordou o tema interculturalidade na aquisição da língua estrangeira por parte do migrante. Yang (2011) abordou a questão focando especificamente a presença de coreanos.

Gonçalves (2010) investigou questões de escrita e enunciado, e Magalhães (2010), Alves (2015) e Gabriel (2016) expuseram os resultados de suas pesquisas enfatizando o "direito a fazer parte" nas representações sociais docentes relacionadas a estrangeiros presentes. Molinare (2016) abordou densamente as minúcias dos processos de alfabetização, mas a riqueza investigativa de sua pesquisa incidiu sobre Guarulhos.

O retorno ao tema feito por Braga (2019b), pesquisadora de referência, proporcionou acrescentar a esse repertório de pesquisas os trabalhos de Waldman (2012), Oliveira (2013), Silva (2014) e Robim (2017).

As pesquisas brevemente mencionadas aqui, e não somente as do universo educacional, quando se referem aos dados numéricos da diversidade cultural em São Paulo, expressam alguma perplexidade com inexatidões, imprecisões e subnotificações. Mas em relação a bolivianos e haitianos, não há dúvidas a respeito dos números crescentes dessas significativas presenças com suas singularidades. São muitos e a educação pública é permanentemente enriquecida com o que acrescentam.

Vou aproximar a lupa para abordar, nesse contexto, a inter-secção entre deficiências e diversidades percebidas nas experiências de bolivianos e haitianos.

Na cidade que é um mundo

Em São Paulo a presença de bolivianos nas escolas públicas, especialmente em alguns bairros, é um dado característico, um aspecto marcante de diversidade a compor o que Veras (2017) denomina de identidade territorial. E também em São Paulo a presença de haitianos no cotidiano de escolas públicas tornou-se um dado numericamente relevante.

Especificamente no caso de haitianos, cuja presença é a expressão mais recente de variadas camadas de sofrimento social (Santos, 2018), encontrei números que dizem respeito à condição de refugiados que se somam com dados que expressam a presença na condição de migrante estrangeiro. Em outras palavras, haitianos em São Paulo eram refugiados e passaram a ser predominantemente migrantes estrangeiros.

Foi possível constatar uma itinerância estratégica nas experiências de fixação haitiana na cidade de São Paulo, com fluxo verificável entre a região central da metrópole e sua região noroeste. Entre tantos aspectos a considerar para entender microdeslocamentos, é importante lembrar que o acesso à escola pública tornou-se um fator de singular importância, um exemplo de âncora de fixação (Véras, 2017) somada à luta por moradia.

A irradiação cultural boliviana em São Paulo recebeu a seguinte observação há uma década (Braga 2011, *apud* Fernandez; Matos, 2020, p.126-7):

Na década de 1980, 1360 bolivianos vieram para São Paulo e, em 2000, 4974, estando a maior parte na área metropolitana (em 82 dos 96 distritos da cidade e em 23 municípios da região metropolitana). As zonas de maior presença eram o Centro de São Paulo (27,2%) e a Zona Norte (26,4%), seguidas por Zona Leste (19,6%), com menor presença na Zona Sul (9,2%) e Oeste (4,3%), conforme Xavier (2010). Os bolivianos se fixaram em áreas nas quais podiam exercer suas ocupações e obter trabalho.

A irradiação cultural haitiana foi objeto da análise de Santos (2018, p. 31), que chegou às seguintes conclusões:

Desde 2004, o Brasil já recebeu quase 80 mil haitianos, segundo dados da Coordenadoria Municipal do Imigrante em São Paulo, em 2017, e segundo o Relatório Cosmópolis os registros ativos são de 64985 o que representa 5,4% dos imigrantes. Segundo dados da PUC-MG, de 2010, os haitianos estão distribuídos em 286 cidades brasileiras. A maioria se concentra em quatro estados da federação, na Região Metropolitana de São Paulo concentra-se a maioria, com 75%, seguida de Manaus, com 10% e Região Metropolitana de Belo Horizonte, com 7%. Segundo o Relatório Cosmópolis existem registros de 11888 imigrantes haitianos no Município de São Paulo, representando 3,1% dessa população.

O trabalho exemplar do Núcleo de Estudos de População Elza Berquó da Unicamp, conhecido como NEPO, permite visualizar números educacionais que dão conta da especificidade da cidade de São Paulo, em sua diversidade e seus contingentes predominantes.

As três primeiras nacionalidades de origem nos números gerais da presença migrante no Brasil em 2019 são, respectivamente, venezuelanos/as, com 23.678; haitianos/as, com 19.583, e bolivianos/as, com 12.166. Mas o quadro singular das matrículas educacionais na cidade de São Paulo desde 2009 tem os seguintes pormenores.

Em 2010, matricularam-se filhos de bolivianos (3.857); japoneses (968); norte-americanos (554); argentinos (453); coreanos (403); chineses (314); paraguaios (302); peruanos (275); portugueses (211); alemães (202); espanhóis (156); chilenos (141); outros (481), totalizando 9.755 matrículas (fonte NEPO https://www.nepo.unicamp.br/).

Em 2019, matricularam-se filhos de bolivianos (7.268); haitianos (1.772); angolanos (878); japoneses (712); chineses (651); argentinos (628); paraguaios (547); peruanos (537); venezuelanos (534); norte-americanos (422); colombianos (365); franceses (280) e espanhóis (242), totalizando 17.787 matrículas (fonte NEPO, https://www.nepo.unicamp.br/).

Braga (2018, p. 237) registrou, no âmbito do Centro de Apoio e Pastoral do Imigrante (CAMI), no Serviço Franciscano de Solidariedade e numa Escola Pública da região central da cidade de São Paulo, a presença de pessoas vindas de Bangladesh, Síria, Haiti, Paquistão, Marrocos, Egito, Tunísia, Índia, Bolívia, Colômbia e Cuba. Especificamente na escola mencionada, registrou a presença de pessoas vindas de Angola, Haiti, Congo, Moçambique, Síria, Macedônia, Colômbia, Bolívia e Palestina. Como se percebe, a região central de São Paulo tem forte diversidade, nem toda ela captada em dados oficiais e com registros que somente a escola pública consegue indicar.

Os dados mais recentes do NEPO indicam que na Educação Infantil do município de São Paulo, em primeiro lugar, estão bolivianos e, em quarto lugar, haitianos. No Ensino Fundamental I, em primeiro lugar bolivianos e, em segundo lugar, haitianos. Na Educação de Jovens e Adultos, em primeiro lugar haitianos e, em segundo lugar, bolivianos.

Essa ampliação no número de haitianos na educação pública de São Paulo tem no fluxo contínuo da região do Glicério (central) para a região de Perus (periferia noroeste) um dos aspectos fundamentais para compreender estratégias de apropriação de direitos educacionais, o que vou explicar um pouco adiante.

As matrículas de crianças bolivianas têm dados mais consolidados, considerando o histórico de territorialização dessas informações. O levantamento de Masella (2019), que se baseia em dados da própria Secretaria Municipal de Educação de São Paulo, demonstra que todas as Diretorias Regionais de Ensino (DREs), que abrangem os territórios Butantã, Campo Limpo, Capela do Socorro, Guaianases, Freguesia do Ó/Brasilândia, Ipiranga, Itaquera, Jaçanã/Tremembé, Penha, Pirituba/Jaraguá, Santo Amaro, São Mateus, São Miguel Paulista têm matrículas de crianças e jovens de base familiar boliviana.

Registros de pesquisa

As bases territoriais que permitiram observação etnográfica, presença participativa e anotações estratégicas nos cadernos de campo que foram usados como fontes para afirmações apresentadas especificamente neste livro estão circunscritas à DRE Penha e à DRE Pirituba/Jaraguá.

As imersões ocorreram nesses bairros com densa experiência de interação entre escolas públicas e migrantes estrangeiros, especialmente Brás e Canindé da DRE Penha e Perus da DRE Pirituba/Jaraguá, com foco, como já foi afirmando, na experiência de bolivianos e haitianos.

As opiniões, excertos de falas, registros de manifestações e diálogos com mães/pais provêm de "situações" (Goffman, 2012) em portas e entornos de Escolas Municipais de Educação Infantil (EMEIs), Escolas Municipais de Ensino Fundamental (EMEFs), Centro Integrado de Educação de Jovens e Adultos (CIEJA).

Incontáveis deslocamentos a pé foram feitos acompanhando fluxos específicos, como os relacionados às buscas de emprego, às rotinas de trabalho, à participação no comércio de calçada e, principalmente, às ruas que conectam moradias às escolas. Permanências estratégicas revelaram microssociabilidades que se repetem e se tornam constantemente acessíveis, como algumas esquinas (White,

2005) e alguns pontos de aglomeração como, por exemplo, a Rua da Juta, no Brás.

E é possível afirmar que da Baixada do Glicério na região central de São Paulo até as proximidades do Conjunto Habitacional Recanto dos Humildes, na Vila Fanton, Perus, uma paisagem de pesquisa se revelou com os impressionantes fios de diversidade cultural que cerzem o assimétrico tecido social da metrópole. Nesse universo, a Linha Rubi dos trens da Companhia Paulista de Trens Metropolitanos (CPTM) revelou-se também um espaço móvel, um "não lugar" na acepção de Augé (2018), imprescindível para compreender a trama singular que envolve haitianos na cidade.

No universo escolar focado, a facilidade com a qual dificuldades de comunicação de crianças bolivianas são rapidamente relacionadas ao Transtorno de Espectro do Autismo (TEA) ou são comparadas com diagnósticos de atraso no desenvolvimento, foi enfaticamente confirmada por todas as professoras e coordenadoras entrevistadas.

O modo de olhar da criança, ou a organização da face (Goffman, 2013) para evitar encarar o interlocutor quando este é adulto, é referência constante a preceder suposições tais como "deve ter algum problema", ou a justificar rompantes e reações menos comedidas como "olhe para mim! Parece que estou falando sozinha!".

O manejo do olhar é um aspecto que, se retornássemos aos anos 1930, facilmente permitiria lançar mão da categoria "padrões culturais", tal como foi expressa por Ruth Benedict (2000). Ou seja, trata-se de uma típica linguagem interativa que demonstra, na criança, a recepção intergeracional de um dos mais sólidos signos de respeito do padrão educativo parental boliviano, especialmente em algumas etnias, como a Aymara e a Quechua. E é com a face que a ascendência adulta em relação à criança se mostra e se organiza.

A combinação entre um agir mais silencioso com a modulação da face que evita "deixar pegar o olhar" (Goffman, 2012), somada às dificuldades idiomáticas, motiva encaminhamentos para instâncias que podem mediar a obtenção de diagnósticos. No âmbito escolar, quando a necessidade de diagnósticos é cogitada, percebe-se a circulação de opiniões sobre temas como "desenvolvimento cognitivo" e "estímulos" que, com facilidade, são considerados "algo que falta entre bolivianos".

Importante destacar que no âmbito das próprias Redes Públicas de Educação presentes na cidade de São Paulo, nas esferas municipal e estadual, entre os próprios docentes desponta crescente abertura à pesquisa e verificação das condições concretas em que se encontram crianças bolivianas. Essa abertura faz com que manifestações depreciativas ou ávidas pela opinião dos laudos recebam contestações entre pares, como, por exemplo, as que se anotam nos relatos que lembram que a mesma criança cujo desenvolvimento intelectual foi posto em dúvida e a disponibilidade maternal para estimulação foi dada como ausente, por meses viveu a experiência de "passar o dia todo na caixinha ao lado da máquina de costura, enquanto a mãe trabalhava". Ou seja, no mesmo chão da escola a criança é percebida e entendida com diferentes e contraditórios modos de relacioná-la a palavras como desenvolvimento.

O Transtorno do Espectro do Autismo (TEA) é realmente um espectro a rondar crianças bolivianas porque convivem com a dubiedade de avaliações adultas que elogiam a cordialidade dos modos e o respeito comprovável com a postura silente e olhar "sem desafio opositor". Mas, ao mesmo tempo, comparam crianças entre si e com facilidade afirmam que "tamanho déficit de reação deve ser algum problema, provavelmente autismo".

Ainda repercute entre professores da Rede Pública Estadual de São Paulo a reportagem intitulada "Autista não: imigrante" (Brandalise, 2017), que flagrou a situação de uma menina síria que foi diagnosticada com "dislexia, déficit de atenção e deficiência de aprendizagem" e que comprovou que as dificuldades idiomáticas foram tomadas como "indicativos de deficiência", comprovados com a nota zero em três testes. Em seu registro foi encontrada a base da anamnese: incapacidade de receber ordens diretas. As particularidades culturais, como, por exemplo, nunca ter falado com meninos não foram consideradas. O diagnóstico foi estruturado com base na ausência de respostas de uma pessoa que não entendia o português.

O depoimento de uma professora da Rede Estadual de Ensino, com notável experiência com o tema, experiência essa não somente como docente, mas como pesquisadora também, trouxe uma constatação alarmante. Presenciou situação em que pelo menos dois encaminhamentos semanais de crianças não brasileiras para equipamentos de saúde se davam com objetivo de "verificar déficits intelectuais" e, em situação específica, dentre trinta crianças estrangeiras, dezoito tinham sido encaminhadas com a mesma finalidade.

Esse é um cenário que permite analisar de um ângulo privilegiado a percepção de pais e mães bolivianos quando é cogitado um encaminhamento para manifestação médica, situação em que entra em consideração a perícia clínica, a possível produção de um laudo para classificar o comportamento da criança.

A escola como direito estratégico na percepção de famílias bolivianas

O acesso à educação pública é peça-chave para compreender alguns aspectos fundamentais nas estratégias de ancoragem familiar (Véras, 2012) na cidade de São Paulo.

Na cidade de São Paulo, os números educacionais e de acesso ao SUS têm informações mais estáveis que aquelas presentes em inúmeras instituições, públicas e privadas, que mantêm registros a respeito. Esse dado tem um recorte de gênero a ser destacado, pois a situação de mulheres bolivianas ganhou visibilidade a partir de 2010 com as crescentes denúncias que estavam submetidas a condições de trabalho análogas à escravidão, permanecendo em confecções com dezesseis horas diárias ou mais de trabalho, sub--remuneradas e padecendo cerceamento do livre deslocamento. Nessas condições, muitos bebês permaneceram em caixas ou sobre acolchoados nas oficinas de costura. Outros passaram ao cuidado quase que exclusivo de irmãs mais velhas.

A condição de migrante estrangeiro é também uma teia comunicativa. Nas interações entre essas famílias e a escola pública, constata-se que, nos últimos oito anos, quem se instalou beneficiou--se das orientações dos que chegaram anteriormente, da organização das interdependências e da territorialização focada na proximidade com o trabalho e, principalmente, no acesso a direitos e serviços. Especificamente no relacionamento entre famílias bolivianas e escolas públicas na cidade de São Paulo, reitera-se que "aprenderam com os que chegaram antes" que a matrícula na escola pública é um direito que abre as portas para outros direitos.

E em relação ao trabalho materno, a certeza de que a criança está sob cuidado escolar, com benefícios complementares em termos de alimentação e permanência, permitiu que muitas mulheres pudessem recusar determinados trabalhos e aguardar, com um breve intervalo de tempo, o acesso a outro com melhor remuneração e respeito à legislação trabalhista. A comparação entre diferentes gerações de migrantes estrangeiros permite afirmar quão estratégica é a permanência da criança na escola pública para a estabilização da situação familiar como um todo e, nesse sentido, os modos de organizar a comunicação facial ofereceram registros etnograficamente expressivos desse processo.

Por que a organização da comunicação facial tornou-se dado etnograficamente relevante?

No deslocamento com adultos, voltando para casa, por exemplo, crianças bolivianas recorrentemente têm interações face a face (Goffman, 2013) que precedem ações e decisões, como procurar pelo olhar da mãe antes de atravessar uma rua ou antes de provar um alimento oferecido por outro adulto.

Na experiência de meninos matriculados no Ensino Fundamental II que sofreram sistemática violência no território do Canindé, região central de São Paulo, da parte de alunos brasileiros que cobravam pedágio obrigando-os a trazer lanche ou entregar objetos escolhidos pelo grupo intimidante, a percepção nativa de um modo boliviano de olhar enredava o intimidado num roteiro de subjugação.

Frases como "o boliva tá encarando!" reforçavam a expectativa de sempre encontrar um padrão cabisbaixo. Encarar e quebrar essa expectativa construída como estigma (Goffman, 2011) e manejada para deteriorar a identidade do abordado tinha por consequência ser truculentamente lembrado que é de fora.

Não é, portanto, dado irrelevante a referência constante ao modo de olhar quando, em circunstâncias as mais diversas, o comportamento de uma criança boliviana é colocado em perspectiva. Ensaia-se sempre um retorno àquilo que Brah (2006) e Haraway (2010) rejeitaram nos modos de marcar a diferença, que é a afirmação de uma essência a caracterizar a pessoa abordada.

O lugar estratégico que a escola pública teve e tem na vida de mulheres adultas bolivianas em São Paulo em relação às filhas e filhos, ao mesmo tempo em que diz respeito a certa estabilização existencial, diz respeito também ao convívio com o temor de perder o que se tem. E é no bojo desse temor que se percebe a perspectiva parental em relação à Educação Especial como cogitação para a criança.

Foi possível observar reiteradamente a referência aos modos de (não) olhar, ao gestos cabisbaixos antes de (não) responder sempre que mães foram alertadas sobre indícios de deficiência, alertas facilmente acompanhados de referências ao autismo. Nessas situações, uma contradição singular se evidencia.

Primeiramente, o diálogo entre mães bolivianas após experiências de encaminhamento revelava temores que a criança "não conseguisse ficar". Mas é na experiência idêntica já vivida por mulheres que chegaram antes que se acrescenta a esses diálogos um paradoxal efeito tranquilizador.

Há troca de informações, reforçadas posteriormente por professores, a respeito do acesso à rede de proteção da cidade que se obtém com a mediação da escola e, nesse universo, acesso a alguns serviços cuja utilização depende obrigatoriamente do encaminhamento escolar. Isso tem efeito tranquilizador e enseja diálogos surpreendentes que ponderam vantagens com a obtenção de um laudo.

Quando é o caso, a escola faz a mediação para solicitar avaliação funcional e tecnologia assistiva. Mas muitas vezes o que entra em questão é a matrícula no Atendimento Educacional Especializado, o AEE. Oferecido em contraturno, em termos familiares, passa a ser vislumbrado como reforço tático na expectativa de contar com a escola para governar o tempo da criança, passando a ser elogiável justamente porque "estica o tempo de ficar na escola".

Mesmo quando afirmações se apresentam impregnadas de certa violência desqualificadora, como, por exemplo, quando são cogitadas "evidências de inferioridade cognitiva", o que organiza a reação familiar é a premissa de não conflitar com a escola.

A identificação da criança com o público-alvo da Educação Especial, nesses casos, antes de ser reconhecida como algo que se exige da escola no plano dos direitos, tem sido parte de uma dinâmica em que tudo será feito para não perder o acesso, ainda que essa perda nunca seja cogitada pela escola, tampouco possa, em termos legais, efetivamente acontecer. Consolidada a convicção de que o acesso não será interrompido, a contraditória percepção de "vantagem" associada à deficiência é compartilhada com base no que os laudos proporcionam, o que diz respeito, inclusive, a certa expectativa de diminuição de exigências e condescendência com as dificuldades.

Essa percepção sobre o lugar estratégico da escola na experiência migratória boliviana na cidade de São Paulo possibilita vislumbrar a estrutura educacional pública lidando com aspectos sensíveis da Educação Inclusiva, esta que excede e subsome a Educação Especial. Diversidade cultural e deficiência têm um encontro paradoxal nessa experiência. E esse tipo de encontro tem, na experiência haitiana, aspectos que possibilitam importante comparação.

A variação haitiana

Repetir, na cidade de São Paulo, a imersão sugerida por Veena Das (2018) em outro contexto, ou seja, descer à dimensão do ordinário, proporciona reconhecer nas bases territoriais identificáveis com a presença haitiana, aquilo que Santos (2018) indicou como exemplo de sofrimento social.

Essa percepção de sofrimento social diz respeito a um processo. Se desde 2004 é possível registrar contínua entrada de haitianos no Brasil, o que permite somar cerca de 80 mil pessoas nos últimos dezesseis anos, é necessário reconhecer que a tragédia do terremoto ocorrida em 2010, em Porto Príncipe, intensificou esse fluxo para o país. Nos números atuais, mais de 40% diz respeito a pessoas que se deslocaram após o terremoto.

Isso faz com que na cidade de São Paulo seja possível encontrar haitianos que adentraram nas condições típicas do refúgio humanitário, vivendo experiência e identidade de refugiados, e haitianos que, na sequência, com base na lógica de receber informações de quem já se deslocou, ampliaram o número de imigrantes no Brasil. A porta de entrada em muitos casos se deu, como refugiados ou migrantes estrangeiros, pela cidade de Rio Branco, Acre, com posterior deslocamento para São Paulo, considerando notícias de pujança econômica e suposta abundância de empregos.

DEFICIÊNCIAS E DIVERSIDADES: EDUCAÇÃO INCLUSIVA E O CHÃO DA ESCOLA

Na cidade de São Paulo, a alusão à porta de entrada também faz sentido, com uma ocupação inicial fortemente baseada na região central do Glicério, como estratégia para contar com apoio inicial da Missão Paz, da Igreja Nossa Senhora da Paz. Essa fixação territorial tem passado por um expressivo reposicionamento com uma nova ancoragem na região noroeste da cidade, em Perus.

Na região central, ainda que contassem (e contem) com algum respaldo da Missão Paz, essa primeira experiência era, e é, marcada por intensa precariedade laboral, alimentar e habitacional, resultando na permanência em locais sempre os mais deteriorados, polifônicos porque também ocupados por migrantes africanos de múltipla procedência, inseguros porque vulneráveis a muitos expedientes de exploração e vilipêndio.

A partir de 2010, a intensificação dessa presença na região do Glicério mostrou-se predominantemente masculina, pois eram homens os que chegavam primeiro para engajamento no mundo do trabalho. A mobilização familiar ocorreria depois. A partir de 2016, o deslocamento para Perus tem números diversificados em termos familiares, com a chegada de quem havia permanecido no lugar de origem aguardando o comunicado de oportunidade para seguir, ou com o nascimento de crianças concebidas já em solo brasileiro.

Se a permanência no Glicério corresponde a administrar sofrimentos e privações até que condições mais estáveis se efetivem com trabalho e salário fixo, por exemplo, em Perus a permanência já diz respeito à percepção que se adquire na experiência de que a inserção possível numa sociedade com tantas assimetrias e racismo estrutural só se dá como inserção subalterna, cabendo então conseguir morar em local estrategicamente mais favorável.

Um dos mais densos projetos de Educação de Jovens e Adultos da metrópole, referência singular e citado como exemplo em várias regiões da cidade, noutras DREs, é o Projeto CIEJA de Perus. Na fortuna pedagógica desse projeto, é possível registrar comentários docentes como "este CIEJA já foi boliviano, mas hoje, sem dúvida, é haitiano". E os números registrados não deixam dúvida, passando de 20 matrículas em 2016 para 685 em 2020.

A memória recente dos momentos vividos no Glicério é povoada por lembranças de homens que comprovaram qualificações curriculares as mais diversas visando obter emprego, apresentando-se como engenheiros, advogados, sociólogos, designers, tecnólogos da informação, e muitos com ensino básico e profissões comprovadas de pedreiros, jardineiros, encanadores, eletricistas (Santos, 2018, p.70), que foram explicitamente rejeitados na intersecção entre origem e cor da pele, xenofobia e racismo. Sujeitaram-se, na sequência, a intensa precariedade laboral, para obterem trocados em contexto de crescente subalimentação.

O contínuo deslocamento para Perus é caracterizado pela perspectiva da autoconstrução ou da moradia no Conjunto Habitacional denominado Recanto dos Humildes, e também pela estratégica proximidade com o trem da CPTM, que proporciona acesso a toda a cidade e, principalmente, trabalhar como ambulante.

Perus compõe um imaginário de hospitalidade não comparável com os momentos no Glicério. E é de Perus que são emitidas as sinalizações para que demais parentes possam chegar. E é também nesse local que se apropriar da escola pública se torna estratégia decisiva.

Crianças haitianas estão presentes em grande número na estrutura de Educação Infantil da região, mais ainda no Ensino Fundamental I. Mas é no âmbito da EJA que a apropriação da escola pública se mostra de modo singular.

Professoras confirmam que a busca pela matrícula de crianças em EMEIs segue a mesma lógica já comentada em relação a bolivianos no centro de São Paulo. Ou seja, a matrícula infantil, para além de efetivamente acrescentar qualidade de vida para a criança, é percebida como porta de entrada para o acesso a outros direitos e serviços públicos. No caso da EJA, o que se presencia merece destaque.

Com uma presença numericamente tão abundante no universo do CIEJA Perus, é possível registrar um encontro significativo. Isso se dá na medida em que em se constata não somente um denso e reconhecido trabalho em termos pedagógicos, como também uma original abertura à interculturalidade, fazendo com que a diversidade cultural proporcionada pela presença estrangeira não seja tomada como instabilidade para o cotidiano escolar. É perceptível que adultos, predominantemente homens, constataram que a escola pública poderia ter um papel de reorganização existencial fundamental, acelerando o aprendizado de português e de aspectos da cultura brasileira.

Por isso, esse CIEJA tornou-se haitiano. Muitos, mesmo com certificação profissional e *curriculum vitae* suficientes para exercício profissional baseado em escolarização de nível básico e superior, voltaram para a escola. A apropriação feita desses direitos educacionais se deu num processo que trouxe a escola para dentro dos seus interesses específicos, tornando-se, assim, deles também.

Essa presença adulta também permite ver e entrever crianças. Trazidas por mães para a alimentação, cuidadas nos trocadores institucionais, usufruindo espaço compatível com o brincar, fazem o alarido que muitas vezes já demonstra familiaridade idiomática mais consolidada que a dos mais velhos.

Nesse universo, a mesa se torna um cenário de extraordinária diversidade cultural, em que a mistura e, ao mesmo tempo, a preservação de hábitos são constantes. Sonoridades, olfações e sabores enquadram cenas de um chão de escola intercultural.

Na região central de São Paulo, especialmente no território do Brás, professoras narraram situações em que filhos de patrões e empregados, ambos migrantes estrangeiros, estavam na mesma turma, como no caso em que filhos de chineses proprietários de casa comercial, confecção ou comércio alimentício estudavam com filhos de bolivianas, cujos responsáveis trabalhavam nesses estabelecimentos.

Esse exemplo é importante pela comparação que proporciona. Filhos de chineses muitas vezes são chamados de "mudos", tamanha a dificuldade de ordem idiomática e tamanho o acatamento à determinação para que "não perturbem". Correm sempre o risco, na opinião das professoras, de se tornarem copistas.

Crianças bolivianas não são tomadas pela personificação do "mudo", mas são identificadas com o silêncio, o que ora as deficientiza, ora as recompensa com alusões ao bom comportamento. São crianças que lidam com estratégias para pouco ou nada aparecer. Ser notado é um aspecto da desvantagem social.

Não há, nesses exemplos, similaridade com o que ocorre com a presença haitiana em todas as instâncias de educação pública de Perus. Muitas vezes é possível escutar elogios adultos à presença, à postura cordial, à higiene das crianças e, principalmente, à ascendência materna sobre filhos.

Quando brasileiros querem descrever como mães haitianas introduzem crianças nos ambientes em que estão, a rigidez comportamental é apontada inúmeras vezes como característica primeira. O silêncio e o mutismo não são sequer cogitados. O que é objeto de constante elogio não diz respeito a não falar, mas sim a "habilidade" de interromper a fala imediatamente após receber um comando adulto.

Diferentemente do registro postural boliviano marcado pela evitação do olhar como sinal de acatamento, entre haitianos "olhe para mim" é um comando frequente, pois a autoridade materna se expressa intensamente com comandos corporais, gestos e trocas de olhares. Dificuldades de entrosamento advêm de outras questões muito complexas, entre essas se encontra um modo singular de mencionar as deficiências em relação ao mundo escolar.

DEFICIÊNCIAS E DIVERSIDADES: EDUCAÇÃO INCLUSIVA E O CHÃO DA ESCOLA

Na densa etnografia que fez, Santos (2018) registrou a seguinte resposta de um dono de pensão no Glicério à pergunta sobre a presença de haitianos hospedados: "Por que perguntou se tem haitiano? São todos pretos mesmo. Devem ser todos iguais. Vêm do mesmo lugar. Todos são africanos" (Santos, 2018, p. 87).

O cotidiano no Perus dá acesso a algumas amenidades que ajudam a reorganizar a existência familiar em bases menos inóspitas que essa. E a escola pública é considerada fundamental, central, na expectativa de reorganizar a existência noutras bases.

Na interação constante com as escolas públicas e especialmente com o CIEJA, é possível perceber que trazem imagens cristalizadas da educação escolar, imagens essas que enquadram as expectativas parentais sobre direitos relacionados à Educação Especial. Isso se mostra porque, a despeito de estranhamentos recíprocos, o entrosamento entre haitianos e professoras é de base colaborativa e, muitas vezes, dialógica e culturalmente intercambiante.

Isso proporciona às personagens da escola identificarem, por exemplo, enraizada experiência de sociabilidade pentecostal trazida do Haiti e procurada como referência de continuidade no entorno escolar. O território que passa a abranger o morar, o estudar, o trabalhar é também um território que repete, noutro país, a complexidade de um aspecto estruturante. Ou seja, onde o Estado não está ou está precariamente, a Igreja Pentecostal está abundantemente.

Isso não pode ser desconsiderado na configuração das expectativas parentais sobre Educação Especial, pois o ponto de partida é o que marca certo susto com o alcance e abrangência da escola pública. Reportam-se a um contexto anterior em que escola pública, gratuita e laica simplesmente não está presente, com a maior da parte das demandas educacionais sendo assumidas por missões evangélicas e suas escolas missionárias.

Um verdadeiro "susto" se mostra na reação de pais e mães aos repertórios da Educação Especial e aos direitos subjacentes à condição de ser seu público-alvo. Quando se deparam com garantias de matrícula para pessoas com deficiência, mostram-se perplexos. Se muitos revelam que "somente no Brasil sofreram racismo", muitos também indicam que "somente aqui esse tipo de matrícula é possível".

No âmbito do CIEJA interagem com o AEE, pois o projeto pedagógico como um todo é fortemente inclusivo e, por isso, a Sala de Recursos não é um espaço à parte. Mas no CIEJA não há matrículas de haitianos com deficiência.

Esses convivem com pessoas com deficiência no período diurno e, como narrou uma professora, "olham admirados". Esse olhar que indaga a pertinência da presença tem expressão homóloga às indagações que outros olhares direcionam à crescente população haitiana na metrópole.

Na lógica que Sayad (2014) encontra nos paradoxos da alteridade, despontam elementos que permitem compreender que na dinâmica do deslocamento migratório a pessoa com deficiência é a típica pessoa que dificilmente teria vindo. Para os familiares, encontrar a pessoa com deficiência como substrato de intenções inclusivas torna-se paradoxal. As crianças haitianas com deficiência predominantemente nasceram aqui, e a base diagnóstica de cada situação concretizou-se na articulação entre equipamentos públicos de educação e saúde.

As expectativas parentais a respeito da Educação Especial, nesse caso, fazem parte de um aprendizado em andamento sobre direitos nem sequer imaginados.

Considerações que não são finais

Não vou concluir este livro. Quero deixar aberta a possibilidade de continuar debatendo os pontos de intersecção entre as experiências com a deficiência e com a diversidade cultural. E quero manter minha atenção voltada para essas intersecções, mantendo a perspectiva de mirá-las desde o chão da escola.

A apropriação que haitianos jovens e adultos fizeram da escola pública na periferia de São Paulo ecoa estratégias de redimensionamento que permitem, mais uma vez, reconhecer o chão da escola, seus entornos e seus fluxos de conexão como lugares de pesquisa imprescindíveis.

São lugares de pesquisa imprescindíveis porque permitem obter registros de intersecções entre desigualdades sociais e diversidades culturais. Amalgamadas, assimetrias de toda ordem se evidenciam nas linhas e entrelinhas dessa arte de mostrar-se e esconder-se que caracteriza a presença do migrante estrangeiro que vive aquilo que Castels (2005) e Paugan (2005) denominaram circuitos de desproteção, desfiliação social e precarização.

No exemplo com haitianos que foi analisado, buscar escola e apropriação idiomática é ação política de reversão e resistência de quem quer proteção, filiação e atenuação de um cotidiano permanentemente precário.

Nesse processo, a menção a direitos educacionais de pessoas com deficiência causou e causa perplexidade para os protagonistas haitianos acompanhados nesta trama. Têm dúvidas sobre a pertinência de abrir espaço escolar para Educação Especial.

Essa dúvida mostrou-se superada ou pelo menos atenuada na experiência boliviana nas regiões centrais de São Paulo. Mulheres bolivianas verificaram, com insegurança e temor, se a condição de público-alvo da Educação Especial não desestabilizaria o acesso e o uso de direitos educacionais que se mostravam imprescindíveis nas lutas por condições de subsistência mais dignas.

Entabularam diálogos que reiteravam experiências, recorrendo à partilha de exemplos e situações já vividas, que as conexões com os serviços periciais que geram laudos e com os serviços terapêuticos que proporcionam reabilitações, oferecidas pela escola constituíam mais uma vantagem do universo escolar, sem riscos de descontinuidade.

Mas no âmbito dessa percepção de vantagens, outro paradoxo se mostrou, na medida em que seguidas vezes foi insinuado que a obtenção de um laudo proporcionaria diminuição nas expectativas de bom desempenho escolar. Situação, aliás, que não se restringe às crianças migrantes com deficiência, pois se trata de um espectro a acompanhar permanentemente a escolarização de pessoas com deficiência, como Martinez e Rey (2017) já chamaram atenção.

Deficientização é um conceito potente para analisar inúmeros paradoxos vividos na intersecção entre xenofobia e aporofobia, nos fluxos que entrelaçam diversidade cultural e deficiência. E a escola pública é instituição vital nesse contraditório processo que a mobilidade humana proporciona, cruzando fronteiras.

Muitas assimetrias sociais são enfrentadas com base nas ações proporcionadas pela escola e, simultaneamente, muitos desafios se apresentam com base nas contradições que a educação escolar potencializa quando confunde acesso com inclusão. Espero ter colaborado, pelo menos um pouco, para que essas contradições se mostrem, sejam percebidas.

Educação Inclusiva é um processo que desloca o foco para o todo, para os modos de fazer e, por isso, não pode ser reduzida à condição de aperfeiçoamento da Educação Especial. Esse deslocamento de foco não retira da Educação Especial sua dignidade e razão de ser, mas indica a importância de reconhecer que Inclusão e Educação Inclusiva dizem respeito à conexão que pode e deve ser feita entre a escola e outros modos de viver, para além deste que é tão avesso à vida e à humanidade que temos em comum.

Educação Inclusiva é uma perspectiva de ação e redimensionamento que possibilita abordar os temas deficiências e diversidades em suas muitas conexões. Possibilita também apostar na base de convivência que a escola (em) comum pode e deve proporcionar.

Inclusão não é simplesmente o contrário de exclusão, até porque alguns permanecem fora mesmo quando já estão dentro. Inclusão "com" Educação Inclusiva diz respeito a um novo modo de (con)viver.

Penso que o chão da escola, com suas ações e contradições, será sempre ponto de partida e de chegada para toda utopia interessada na convivência e na coexistência. Penso também que temos uma longa jornada até que as interdependências sejam reconhecidas como fundamentos que são da humanidade que temos em comum.

Este livro não termina. A Educação Inclusiva está só começando.

Referências

ALVES, E. C. M. Organização familiar e dinâmicas urbanas. *Áltera Revista de Antropologia*, João Pessoa, v. 2, n. 2, p. 39-59., jan./jun. 2016.

ALVES, M. A. *A voz de estudantes bolivianos em uma escola pública da cidade de São Paulo.* Dissertação (Mestrado em Educação) — Universidade Presbiteriana Mackenzie, São Paulo, 2015.

ASSIS SILVA, C. *Cultura surda*. São Paulo: Editora Terceiro Nome, 2012.

AUGÉ, M. *Não-lugares*. Campinas: Papirus, 2018.

AVELINO, Y. D. Imigrantes e refugiados: haitianos em São Paulo. *In*: BAPTISTA, D. M. T.; MAGALHÃES, L. F. A. (org.). *Migrações em expansão no mundo em crise*. São Paulo: Educ, 2020. p. 193-212.

BAENINGER, R. *et al.* (org.). *Imigração haitiana no Brasil*. Jundiaí: Paco Editorial, 2016.

BAENINGER, R. *Imigração boliviana no Brasil*. Campinas: Nepo/Unicamp, 2012.

BAPTISTA, D. M. T.; MAGALHÃES, L. F. A. (org.). *Migrações em expansão no mundo em crise*. São Paulo: Educ, 2020.

BARTRA, R. *Antropología del cérebro*. Ciudad de México: Fondo de Cultura Económica, 2010.

BARTRA, R. *Antropología del cérebro:* la conciencia y los sistemas simbólicos. México: Fondo de Cultura Económica, 2007.

BENEDICT, R. *Padrões de cultura*. São Paulo: Perspectiva, 2000.

BIEHL, João. Antropologia do devir: psicofármacos — abandono social — desejo. *Revista de Antropologia*, São Paulo, Universidade de São Paulo, v. 51, n. 2, 2008.

BLUEBOND-LANGNER, M. *In the Shadow of Illness:* Parents and Siblings of the Chronically Ill Child. Princeton: Princeton University Press, 2000.

BLUEBOND-LANGNER, M. *The private worlds of dying children*. New Jersey: Princeton University Press, 1980.

BOURDIEU, P. *A miséria do mundo*. Petrópolis: Vozes, 2005.

BOURDIEU, P. *Razões práticas:* sobre a teoria da ação. Campinas: Papirus, 1996.

BRAGA, A. C. A. Cursos de português para imigrantes na cidade de São Paulo: ações locais de acolhimento à luz da educação social. *Interfaces da Educação,* Paranaíba, v. 9, n. 25, p. 228-249., 2018.

BRAGA, A. C. A. *Imigrantes latino-americanos na escola municipal de São Paulo:* sin pertinencias, sino equipaje. Tese (Doutorado em Educação) — Programa de Pós-Graduação em Educação, Arte e História da Cultura — Universidade Presbiteriana Mackenzie, São Paulo, 2019a.

BRAGA, A. C. A. O estado da arte da educação para imigrantes. *Ponto e vírgula*, PUC-SP, n. 25, p. 2-14. 2019b.

BRAGA, F. G. *Conexões territoriais e redes migratórias:* uma análise dos novos padrões da migração interna e internacional no Brasil. Belo Horizonte: UFMG/Cedeplar, 2011.

BRAH, A. Diferença, diversidade, diferenciação. *Cadernos Pagu*, Campinas, n. 26, p. 329-376, 2006.

BRANDALISE, V. H. Autista, não: imigrante. *O Estado de S.Paulo*, edição de 19 de março de 2017.

BRASIL. *Programa Educação Inclusiva:* direito à diversidade. Brasília: Ministério da Educação, 2003.

BRASIL. *Política Nacional de Educação Especial na Perspectiva da Educação Inclusiva (PNEEPEI)*. Brasília: Ministério da Educação, 2008.

BRASIL. *Lei n. 13.146/2015* — Lei Brasileira de Inclusão. Brasília: Senado Federal, 2015.

BUTLER, J. *Quadros de guerra:* quando a vida é passível de luto?. Rio de Janeiro: Civilização Brasileira, 2017.

BUTLER, J. Vida precária. *Contemporânea — Revista de Sociologia da UFSCar*, Departamento e Programa de Pós-Graduação em Sociologia da UFSCar, São Carlos, n.1, p. 13-33, 2011.

BUTLER, J.; CAVAREIRO, A. Condição humana contra "natureza". *Estudos Feministas*, Florianópolis, v. 15, n. 3, p. 647-662, set./dez. 2007.

CANDIDO, A. A estrutura da escola. *Separata do Boletim CBPE*. Rio de Janeiro, Centro Brasileiro de Pesquisas Educacionais, INEP, 1956.

CARMO, P. S. *Merleau-Ponty:* uma introdução. São Paulo: Educ, 2011.

CARVALHO, M. P. Interseccionalidade: um exercício teórico a partir de uma pesquisa empírica. *Cadernos de Pesquisa*, Fundação Carlos Chagas, v. 50, n. 176, p. 360-374, 2020.

CASTELS, R. *As metamorfoses da questão social*. Petrópolis: Vozes, 2005.

CASTRO, E. V. Perspectivismo e multinaturalismo na América indígena. *O que nos faz pensar*, n.18, set. 2004.

CERTEAU, M. *A invenção do cotidiano*. Petrópolis: Vozes, 2000. V. I e II.

CITRO, S.; BIZZERIL, J.; MENNELLI, Y. *Cuerpos y cuerporalidades en las culturas de las Américas*. Buenos Aires: Biblos, 2015.

COLLINS, P. H. Aprendendo com o outsider within. *Revista Sociedade e Estado*, Brasília, v. 31, n.1, p. 99-127, 2016.

CSORDAS, T. Embodiment: agencia, diferencia sexual e padecimento. *In*: CITRO, S.; BIZZERIL, J.; MENNELLI, Y. *Cuerpos y cuerporalidades en las culturas de las Américas*. Buenos Aires: Biblos, 2015.

DAMÁSIO, A. *O erro de Descartes*. São Paulo: Companhia das Letras, 2012.

DANTAS, S. (org.). *Diálogos interculturais*. São Paulo: Instituto de Estudos Avançados, 2012.

DAS, V. *Vida e palavras. A violência e sua descida ao ordinário*. São Paulo: Editora Unifesp, 2018.

DELGADO ALVES, Y. D.; PEREIRA, P. P. Uma antropologia do fluxo. *Interthesis*, Florianópolis, v. 16, p. 121-142, 2019.

DOMINGUES, J. M. Gerações, modernidade e subjetividade coletiva. *Tempo Social*, São Paulo, v. 14, n. 1, p. 67-89, maio 2012.

DUNKER, C. O excesso de inconsciente no neoliberalismo. *In*: MCKINNON, S. *Genética neoliberal*. São Paulo: Ubu Editora, 2021. p.7-19.

DUREAU, F.; LULLE, T.; SOUCHAUD, S.; CONTRERAS, Y. (ed.). *Movilidades y cambio urbano*. Bogotá: Editora Universidad Externado de Colombia, 2015.

ELIAS, N. *Os estabelecidos e os outsiders.* Rio de Janeiro: Jorge Zahar Editor, 2004.

FELDMAN-BIANCO, B; SANJURJO, L.; SILVA, D. M. Migrações e deslocamentos: balanço bibliográfico da produção antropológica brasileira entre 1940 e 2018. *BIB*, São Paulo, n. 93, p. 1-58, 2020.

FERNANDES, F. *Folclore e mudança social na cidade de São Paulo.* São Paulo: Martins Fontes, 1960.

FERNANDEZ, C. C.; MATOS, M. I. Presença de bolivianos em São Paulo. *In*: BAPTISTA, D. M. T.; MAGALHÁES, L. F. A. (org.). *Migrações em expansão no mundo em crise.* São Paulo: Educ, 2020. p. 123-148.

FERNANDEZ, C. C. G.; MATOS, M. I. Presença boliviana em São Paulo: resistência e associativismo. *In*: BAPTISTA, D. M. T.; MAGALHÁES, L. F. A. (org.). *Migrações em expansão no mundo em crise.* São Paulo: Educ, 2020. p. 193-212.

FREIRE, P. *Pedagogia da autonomia.* Rio de Janeiro: Paz e Terra, 1996.

FREITAS, M. C. (org.). *História social da infância do Brasil.* São Paulo: Cortez, 2016.

FREITAS, M. C. Diversidades culturais, deficiências e inclusão: a potência curricular da educação infantil. *Revista Debates em Educação*, Alagoas, Universidade Federal de Alagoas, 2021.

FREITAS, M. C. Mercadores de eficiências e resultados: alta performance contra a escola pública e seu esforço para inclusão de crianças com deficiências. *Revista Brasileira de Educação*, v. 23, p. e230074, 2018.

FREITAS, M. C. O cansaço como nova categoria de análise para os estudos críticos da deficiência. *Revista de Estudos Culturais*, Universidade de São Paulo, São Paulo, v. 4, p. 23-36, 2019.

FREITAS, M. C. Palavras-chave da educação especial e da educação inclusiva: ressignificações. *Revista do Centro de Pesquisa e Formação*, São Paulo, v. 11, p. 245-263, 2020.

FREITAS, M. C. *Alunos rústicos, arcaicos e primitivos*. São Paulo: Cortez, 2005.

FREITAS, M. C. *Educação inclusiva:* conexões entre diversidades, deficiências e migrações. Brasília: CNPq. Projeto de Pesquisa, Processo CNPq 305634/2019, 2019.

FREITAS, M. C. *História, antropologia e a pesquisa educacional*. São Paulo: Cortez, 2002.

FREITAS, M. C. *O aluno problema:* forma social, ética e inclusão. São Paulo: Cortez, 2009.

FREITAS, M. C.; GARCIA, E. C. De diagnósticos e prognósticos: laudos na configuração de muitas experiências de escolarização. *Cadernos de Pesquisa*, Fundação Carlos Chagas, São Paulo, v. 49, p. 316-340, 2019.

FREITAS, M. C.; JACOB, R. N. F. Inclusão educacional de crianças com deficiências: notas do chão da escola. *Educação e Pesquisa*, São Paulo, v. 45, p. e186303, 2019.

FREITAS, M. C.; SANTOS, L. X. Interseccionalidades e educação especial na perspectiva da educação inclusiva. *Cadernos de Pesquisa*, Fundação Carlos Chagas, São Paulo, v. 51, p. e07896, 2021.

FREITAS, M. C.; SILVA, A. P. Crianças bolivianas na educação infantil de São Paulo: adaptação, vulnerabilidades e tensões. *Cadernos de Pesquisa*, Fundação Carlos Chagas, São Paulo, v. 45, p. 680-702, 2015.

FREITAS, M. C. Desempenho e adaptação da criança pobre à escola: o padrão de pesquisa do CRPE-SP. *Educação e Pesquisa*, São Paulo, v. 40, p. 683-698, 2014.

FUENTES, A. Introduction. On nature and the human. *American Anthropologist*, New York, v. 112, Issue 4, p. 512-521, 2010.

GABRIEL, M. *Yo no soy mi cérebro*. Barcelona: Editora Pasado y Presente, 2019.

GINSBURG, F.; RAPP, R. Disability worlds. *Annual Review of Anthopology*, New York, p. 1-16, 2013.

GINSBURG, F.; RAPP, R. On nature and the human. *American Anthropologist*, New York, v. 112, Issue 4, p. 517-518, 2010.

GOFFMAN, E. *Comportamento em lugares públicos*. Petrópolis: Vozes, 2013.

GOFFMAN, E. *Estigma*. São Paulo: Editora LTC, 2011.

GOFFMAN, E. *Rituais de interação*. Petrópolis: Vozes, 2012.

GONÇALVES, A. R. *Espaço migrante:* entre enunciações e olhares. Dissertação (Mestrado em Educação) — Faculdade de Educação, Universidade de São Paulo, São Paulo, 2010.

GOULD, S. J. *A falsa medida do homem*. São Paulo: Martins Fontes, 2012.

GABRIEL, A. K. L. *Jogo de espelhos:* representações sociais de professores de língua portuguesa e de aprendizes bolivianos em contexto multicultural na rede pública de ensino. Dissertação (Mestrado em Educação) — Faculdade de Educação, Universidade de São Paulo, São Paulo, 2016.

GRAVANO, A. *Antropología del urbano*. Montevideo: Editorial Café de las Ciudades, 2015.

GRINKER, R. R. *Nobody's normal:* how culture created the stigma of mental illness. Washington: WW Norton, 2021.

GUSMÃO, N. (org.). *Diversidade, cultura e educação*. São Paulo: Editora Biruta, 2003.

HALL, S. (org.). *Representation:* cultural representations and signifying practices. London: Sage/The Open University, 1997a.

HALL, S. Cultural identity and diaspora. *In*: RUTHERFORD, J. (org.). *Identity:* community, culture, difference. London: Lawrence and Wishart, 1997b. p. 103-130.

HALL, S. *A identidade cultural na pós-modernidade.* Rio de Janeiro: Editora Lamparina, 2005.

HALL, S. *Da diáspora.* Belo Horizonte: Editora UFMG, 2000.

HAN, B. C. *A sociedade do cansaço.* Petrópolis: Vozes, 2017.

HARAWAY, D. *Antropologia do cyborg.* Belo Horizonte: Autêntica, 2010.

INGOLD, T. *Humanity and Animality. Companion Encyclopedia of Antropology,* London: Routledge, 1994.

JANNUZZI, G. M.; CAIADO, K. R. M. *APAE:* 1954 a 2011, algumas reflexões. Campinas: Autores Associados, 2013.

KIAN, A. Erving Goffman da produção social do gênero à objetivação social das diferenças biológicas. *In*: CHABAUD-Rychter, D.; DESCOUTURES, V.; DEVREUX, A.-M.; VARIKAS, E. *O gênero nas ciências sociais:* releituras críticas de Max Weber a Bruno Latour. São Paulo: Editora Unesp; Brasília: UnB, 2015.

KITTAY, E. F. The ethics of care, dependence and disability. *Ratio Juris,* New York, v. 24, n.1, p. 49-58., 2011.

LAHIRE, B. *Sucesso escolar nos meios populares:* as razões do improvável. São Paulo: Ática, 2005.

LANDMAN, P. *Somos todos hiperativos?* Rio de Janeiro: Contra Capa, 2019.

LAVAL, C. *A escola não é uma empresa.* São Paulo: Boitempo, 2019.

LAVAL, C. *Foucault, Bourdieu e a questão neoliberal.* São Paulo: Elefante, 2020.

LAVAL, C. *L'école n'est pas une entreprise.* Paris: La Découverte, 2003.

MAGALHÃES, G. M. *Fronteiras do direito humano à educação:* um estudo sobre os imigrantes bolivianos nas escolas públicas de São Paulo. Dissertação (Mestrado em Educação) — Faculdade de Educação, Universidade de São Paulo, São Paulo, 2010.

MAGALHÃES, G. M.; SCHILLING, F. Imigrantes da Bolívia na escola em São Paulo: fronteiras do direito à educação. *Pro-Posições*, Campinas, v. 23, n. 1 (67), p. 43-63, jan./abr. 2012.

MARTÍNEZ, A. M.; REY, F. G. *Psicologia, educação e aprendizagem escolar.* São Paulo: Cortez, 2017.

MARTINIAK, V. L. *Trabalho, educação e imigração:* constituição das escolas étnicas na província do Paraná. Tese (Pós-doutorado em Educação) — Faculdade de Educação, Universidade de Campinas, Campinas, 2016.

MASELLA, A. P. I. *Diferença cultural, política e representações sobre inclusão escolar de imigrantes bolivianos no município de São Paulo.* Dissertação (Mestrado em Educação) — Pontifícia Universidade Católica de São Paulo, São Paulo, 2019.

MAUSS, M. *Sociologia e antropologia.* São Paulo: Cosac Naify, 2003.

McDERMOTT, R. P.; VARENNE, H. Culture, development, disability. *In*: JESSOR, R. *et al.* (ed.). *Ethnography and human development.* Chicago: Chicago University Press, 1996. p. 101-126.

MCKINNON, S. *Genética neoliberal.* São Paulo: Ubu Editora, 2021.

MCKINNON, S.; SILVERMAN, S. (ed.). *Complexities*: beyond nature & nurture. Chicago: Chicago University Press, 2020.

MEAD, G. H. *The philosophy of the present*. Chicago: Chicago University Press, 1932.

MELLO, A. G. Deficiência, incapacidade e vulnerabilidade: do capacitismo ou a preeminência capacitista e biomédica do Comitê de Ética em Pesquisa da UFSC. *Ciênc. saúde coletiva* [online], v. 21, n.10, p.3265-3276, 2016.

MERLEAU-PONTY, M. *Fenomenologia da percepção*. São Paulo: Martins Fontes, 1999.

MOEHLECKE, S. As políticas de diversidade na educação no governo Lula. *Cadernos de Pesquisa* [online], v.39, n.137, p. 461-487, 2009.

MOLINARI, S. G. S. *Imigração e alfabetização:* alunos bolivianos no município de Guarulhos. Tese (Doutorado em Educação) — Pontifícia Universidade Católica de São Paulo, São Paulo, 2016.

MORAIS, P. T. *Fronteiras, idiomas e lousas:* dilemas e perspectivas proporcionadas pela educação escolar a um grupo de imigrantes bolivianos instalados na grande São Paulo nas décadas de 1990 a 2000. Dissertação (Mestrado em Educação) — Programa de Pós-Graduação em Educação, Uninove, São Paulo, 2007.

MUÑOZ, L. G. La nueva sociología de la infancia. Aportaciones de una mirada distinta. *Política y Sociedad*, v. 43, n.1, p. 9-26, 2006.

NUSSBAUM, M. C. *Fronteiras da justiça*. São Paulo: Martins Fontes, 2013.

OLIVEIRA, L. R. P. *Encontros e confrontos na escola:* um estudo sobre as relações sociais entre alunos brasileiros e bolivianos em São Paulo. 108 f. Dissertação (Mestrado em Educação) — Pontifícia Universidade Católica de São Paulo, São Paulo, 2013.

OLIVEIRA, M. A sociologia da imigração no Brasil entre as décadas de 1940 e 1970. *Sociologias* [online], v. 20, n. 49, p.198-228, 2018.

ORTEGA, F. Corporeidade e biotecnologias: uma crítica fenomenológica da construção do corpo pelo construtivismo e pela tecnobiomedicina. *Ciência & Saúde Coletiva*, v. 12, n. 2, p. 381-388, 2007a.

ORTEGA, F. Fenomenologia da visceralidade. Notas sobre o impacto das tecnologias de visualização médica na corporeidade. *Cad. Saúde Pública*, Rio de Janeiro, v. 21, n. 6, p. 1875-1883, nov./dez. 2005.

ORTEGA, F. Mapeamento do sujeito cerebral na cultura contemporânea. *RECIIS — R. Eletr. de Com. Inf. Inov. Saúde*. Rio de Janeiro, v. 1, n. 2, p. 257-261, jul./dez. 2007.

PATARRA, N. L. Migrações internacionais de e para o Brasil contemporâneo: volumes, fluxos, significados e políticas. *São Paulo em Perspectiva*, São Paulo, v. 19, n. 3 jul./set. 2005.

PAUGAM, S. *Desqualificação social*. São Paulo: Educ, 2005.

PÉREZ, A. A liberação do conhecimento: Bourdieu e Sayad ante o colonialismo. *In*: DIAS, G. *et al.* (org.). *A atualidade do pensamento de Abdelmalek Sayad*. São Paulo: Educ, 2020. p. 21-36.

PIETRI, E.; NAGATA, A. A. Processos migratórios e letramento na era digital globalizada: entrevista com Catherine Vieira. *Educação e Pesquisa*, São Paulo, v. 41, n. 3, p. 807-816, jul./set. 2015.

PUGLISI, R. Algunas consideraciones metodológicas y epistemológicas sobre el Rol de la corporalidad en la producción del saber etnográfico y el estatuto atribuido a los sentidos corporales. *Antipod. Rev. Antropol. Arqueol.*, Bogotá, n. 19, p.95-119, mayo-agosto. 2014.

QVORTRUP. J. Nove teses sobre a infância como um fenômeno social. Campinas, *Pro-Posições*, v. 22, n. 1 (64), 199-211, 2011.

RAPP, R. A child surrounds this brain: the future of neurological difference according to scientists, parents and diagnosed young adults. *Advances in medical sociology*, New York, v. 13, p. 3-26, 2011.

RIBEIRO, D. *O Programa Cidades-Laboratório*. Rio de Janeiro: CBPE, 1959.

RIZZINI, I. *A arte de governar crianças*. São Paulo: Cortez, 2005.

ROBIM, R. *Construções pronominais e verbos existenciais:* comparação da escrita de alunos bolivianos e descendentes de primeira geração com a de alunos brasileiros sem nenhuma ascendência hispânica. Dissertação (Mestrado em Língua Espanhola) — Faculdade de Filosofia, Letras e Ciências Humanas, Universidade de São Paulo, São Paulo, 2017.

ROCKWELL, E. *Vivir entre escuelas:* relatos y presencias. Antología esencial. Buenos Aires: CLACSO, 2018.

ROCKWELL, E.; EZPELETA, J. A escola: relato de um processo inacabado de construção. *Currículo sem Fronteiras*, v. 7, n.2, p.131-147, 2007.

SANTOS, J. A. R. *Haitianos em São Paulo:* exclusão e invisibilidade social no contexto da mobilidade urbana. Tese (Doutorado em Saúde Pública) — Faculdade de Saúde Pública, Universidade de São Paulo, São Paulo, 2018.

SAYAD, A. *La Double Absence. Des illusions de l'émigré aux souffrances de l'immigré*. Paris: Seuil, 2010.

SAYAD, A. *A imigração ou os paradoxos da alteridade*. São Paulo: Edusp, 1998.

SAYAD, A. *The suffering of the immigrant*. Massachusetts: Cambridge Press, 2014.

SECCHI, B.; VIGANÒ, P. *La ville poreuse*. Paris: Métis Presses, 2012.

SILVA, A. P. *No hablamos español! Crianças bolivianas na educação infantil paulistana*. Dissertação (Mestrado em Educação) — EFLCH, Universidade Federal de São Paulo (Unifesp), Guarulhos, 2014.

SILVA, F. R. *A educação alemã na Colônia Rio-Grandense*. Dissertação (Mestrado em Educação) — Departamento de Educação, Universidade Estadual Paulista, Unesp, 2010.

SILVEIRA JR., M. R. *A travessia que mancha o corpo:* imagens da imigração e a educação transitória. Tese (Doutorado em Educação) — Faculdade de Educação, Universidade de São Paulo, São Paulo, 2008.

TANIGUTI, G. O imigrante segundo as ciências sociais brasileiras, 1940-1960. *Sociologias*, Porto Alegre, ano 20, n. 49, p. 142-196., set./dez. 2018.

THOMPSON, J. *A construção ideológica da realidade.* Petrópolis: Vozes, 2015.

TONGU, E. A. S. Migrações, processo educacional e os dekassegui. Tese (Doutorado em Educação) — Faculdade de Educação, Universidade de São Paulo, São Paulo, 2010.

TRUZZI, O.; MONSMA, K. Amnésia social e representações de imigrantes. *Sociologias*, Porto Alegre, ano 20, n. 49, p. 70-108, set./dez. p. 70-108.2018a.

TRUZZI, O.; MONSMA, K. Sociologia das migrações: entre a compreensão do passado e os desafios do presente. *Sociologias*, Porto Alegre, ano 20, n. 49, p. 18-23, set./dez. 2018b.

VALENTE, A. L. E. F. Conhecimentos antropológicos nos parâmetros curriculares nacionais. *In*: GUSMÃO, N. (org.). *Diversidade, cultura e educação*. São Paulo: Editora Biruta, 2003. p. 17-46.

VENTURA, D. F. L.; YUJRA, V. Q. *Saúde de migrantes e refugiados*. Rio de Janeiro: Editora Fiocruz, 2019.

VERAS, M. P. B. A produção da alteridade na metrópole: desigualdade, segregação e diferença em São Paulo. *In*: DANTAS, S. (org.). *Diálogos interculturais*. São Paulo: Instituto de Estudos Avançados, 2012. p. 59-84.

VÉRAS, M. P. B. Estrangeiros na metrópole: territórios e fronteiras da alteridade em São Paulo. *Revista USP*, São Paulo, n. 114, p. 45-54, 2017.

VÉRAS, M. P. B. *Diver cidade:* territórios estrangeiros como topografia da alteridade em São Paulo: Educ, 2003.

VERISSIMO, D. S. No limiar do mundo visível: a noção de esquema corporal nos cursos de Merleau-Ponty na Sorbonne. *Psicologia USP*, São Paulo, v. 23,n. 2, p. 367-393, 2012.

VIDAL, F.; ORTEGA, F. *Somos nosso cérebro? Neurociências, subjetividade e cultura.* São Paulo: N-1 Edições, 2019.

VIEIRA, M. E. *Ensino e aprendizagem de português língua estrangeira:* os imigrantes bolivianos em São Paulo. Tese (Doutorado em Educação) — Faculdade de Educação, Universidade de São Paulo, São Paulo, 2010.

VIGANÒ, P. *The territories of urbanism.* London: EPFL Press/Routledge, 2015.

WALDMAN, T. C. *O acesso à educação escolar de imigrantes em São Paulo:* a trajetória de um direito. Dissertação (Mestrado em Direito) — Faculdade de Direito, Universidade de São Paulo, São Paulo, 2012.

WEBER, F. *Trabalho fora do trabalho:* etnografia das percepções. Rio de Janeiro: Garamond, 2009.

WHITE, W. F. *Sociedade de esquina.* Rio de Janeiro: Jorge Zahar Editor, 2005.

WILLEMS, E. *Aculturação de alemães no Brasil.* São Paulo: Cia. Editora Nacional, 1946.

WILLEMS, E. *Assimilação e populações marginais no Brasil:* estudo sociológico dos imigrantes germânicos e seus descendentes. São Paulo: Cia. Editora Nacional, 1940.

WILLIAMS, R. *Key-words.* New York: Columbia University Press, 2010.

WINNICOTT, D. *Bebês e suas mães.* São Paulo: Ubu Editora, 2020.

WOLFF, F. *Nossa humanidade.* São Paulo: Editora Unesp, 2011.

WOODWARD, K. Identidade e diferença: uma introdução teórica e conceitual. *In*: SILVA, T. T. (org.). *Identidade e diferença:* a perspectiva dos estudos culturais. Petrópolis: Vozes, 2013. p. 7-72.

YANG, E. M. *A geração 1.5 dos imigrantes coreanos em São Paulo.* Tese (Doutorado em Educação) — Faculdade de Educação, Universidade de São Paulo, São Paulo, 2011.

Sobre o autor

MARCOS CEZAR DE FREITAS é Professor Livre-Docente do Departamento de Educação da Escola de Filosofia, Letras e Ciências Humanas da Universidade Federal de São Paulo e de seu Programa de Pós-Graduação em Educação.

Coordena o Projeto EDUCINEP: Educação Inclusiva na Escola Pública e é pesquisador do CNPq.